小学 5 年
教室内外の様子

ホワイトボード掲示板
委員会活動やクラブの連絡などを貼ったり書き込んだりします。連絡ミスが減ります。

学年テーマ
黒板上部には、学年テーマを掲げます。一年間、立ち返る場所として示します。

スッキリ窓際
5年生の理科では、「植物の発芽」などで窓際に学習用具を置くことが多いため、窓際はスッキリさせておくようにしています。

掲示物の様子

年間行事予定

家庭に配られる年間行事予定のデータを教務の先生からいただき,学年に必要な部分を色づけして拡大印刷します。学年で掲示すると便利です。

マグネット当番表

子どもたちのアクセスしやすい入口付近に掲示します。

価値語モデル

菊池省三先生のご実践である価値語モデルを掲示します。子どもたちと価値の共有を図ります。

黒板の様子

自画像
黒板上部に常時貼りつけておきます。
立場決定や意見発表の際に使います。

カウントアップ
「残り○日」というカウントダウンではなく，積み重ねた日々を記録します。

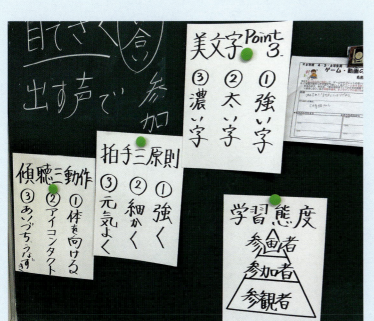

黒板5分の1
菊池実践の一つです。子どもたちへの価値づけや，価値語の指導に使います。必要に応じて画用紙に転記し，掲示物にします。

教室アイテム＆グッズ

タイマー
スピーチ，片づけ，作文など，様々なシーンで活用可能なタイマーを100円ショップでいくつかそろえておきます。

過去のCD
バスレクなどで使ったCDを画鋲で貼りつけておきます。雨の日の休み時間などに活躍します。

突っ張り棒
簡易的な棚，布巾掛け，ボール置き場など，発想次第で活用の幅が広がります。教室に数本あると便利です。

小箒とチリトリ
一分間清掃などの取組の場面で活躍します。ゴミ箱周りにも置いておくと便利です。

古舘　良純

ロケットスタート
シリーズ★

小学 **5** 年の
学級づくり
&
授業づくり
12か月の仕事術

松尾英明 編

チーム・ロケットスタート 著

多賀一郎 協力

明治図書

シリーズ刊行に寄せて ~かゆいところに手が届く一冊~

　今，学校現場では，教員不足が全国的・慢性的になってきて，先生方に負担が重くのしかかっています。元々時間が足りなかったのに，休職者が出ても代わりの先生は見つからず，現場の先生方の仕事量がどんどん増えていくのです。
　小学校の先生方は，一日にいくつもの教科を担当して，日々実践していかねばなりません。どの教科も完璧に準備をして臨むなどということ自体，至難の業です。
　さらにここ数年，主体的・対話的で深い学び，個別最適な学びと協働的な学び，インクルーシブ教育，外国語・道徳の教科化など，新しい課題がどんどん増えてきています。タブレットも活用しなければなりません。これらの課題には，従来の教育，授業実践を踏襲することでは通用しないことが多く含まれています。
　例えば，文部科学省の調査で，学級担任等が回答した学習面または行動面で著しい困難を示す児童生徒の割合が8.8％にのぼるなど，もはや発達障害などの特別な支援を必要とする子供への手立ては当たり前のことになりました。では，その子たちと共に学級づくりをするには，何が必要なのでしょうか。
　全国学力テストが完全CBT（Computer Based Testing）化しようとなるなかで，現場ではタブレットを，いつ，どのように使っていけばよいのでしょうか。どの学年でタブレットをどの程度指導するべきなのかも考えていかねばなりません。
　考えだすとキリがないくらいに課題が山積なのです。

　このような状況下で，新しい学年を担任したとき，何をどうしたらいいのかと困惑する先生方も多いのではないでしょうか。
　その戸惑いに応えるべくつくられたのが本シリーズです。
　本シリーズは，学級開きから様々な教科の授業開きにはじまって，一年間を通した具体的な指導の在り方を示しています。
「困ったら，とりあえず，こうすればいい」
ということを中心に，各地の実践家に執筆していただきました。多岐に渡る課題にもていねいに対応できていると自負しています。
　多忙な日々を送るなかで，手元に置いておき，必要に応じて活用できるシリーズです。
　自信をもってお届けします。ぜひ，スタートにこの一冊を。

多賀　一郎

はじめに

「今年は5年生の担任をお願いします」と言われたとき，何を考えますか。初めて5年生の担任となる際に不安に思うであろうことを，思いつくままにいくつか挙げてみます。

「思春期の子どもたちだけど，クラスをまとめられるかな……」
「学力差が大きくなる時期って聞くけど，授業ができるか不安……」
「保護者対応にも低・中学年とは違った大変さがありそう……」
「女子が難しくなるとかいじめが起きやすくなる時期とも聞くけど，大丈夫かな……」

　5年生という時期は思春期のはじまりでもあり，集団行動や学校のルールを守ることに対して反発することが増えてきます。また，わからないように裏でこっそりルール破りをする時期でもあります。成長の一過程として見れば健全なのですが，学級として放置しておくわけにはいきません。集団として必要な秩序を保つための，適切な対応が求められます。
　また，5年生では，教科数も時数もさらに増え，それに伴い授業準備も忙しくなります。授業内容も高度化し，算数科を教えるのが難しい，体育科で実際に実技を見せられないといった悩みも出ます。
　5年生に限らずですが「保護者対応が不安……」という声はよく聞かれます。
　5年生ともなると，保護者の側も学校にある程度慣れてきています。また，学校の成績や進路に関して敏感になる家庭も増えてきます。
　何より，友人関係の変化やいじめ，仲間外れなど，社会性の発達に伴う問題が起きやすくなる時期でもあります。特に女子の変化は著しく，ここへの対応を失敗すると，一年間がかなり苦しいものになります。

　ざっと挙げてもこれだけ多くの不安があるなか，何も準備せずに5年生担任という大海原へ航海に出るのは危険すぎます。ここを助けてくれるのが本書です。「ロケットスタート」の名を冠するに相応しく，4月の最高のスタートから3月のゴールまでの一年間をフルサポートします。本書は，5年生担任として一年間を通して必要な知識がぎゅっと詰まっています。どのページを開いても，読者の皆様にとって大きな助けになるであろうことをお約束します。
　5年生担任としての大事な一年間を，笑顔いっぱいの輝く素敵な時間にしていきましょう！

編者　松尾　英明

本書活用のポイント

5年生を担任する一年はとっても楽しい！

子どもたちとどんな一年を過ごすことができるのか，月ごとにどんなイベントや仕事があるのか，見通しをもち，わくわくできるように本書を構成しています。

学級づくり・授業づくりの基本をチェックしよう！

指導のポイント & 準備術
⇒ 12ページへGO

学級づくりのポイント
今月の見通し

ゴールイメージをもって12か月を見通そう！

⇒ 70ページへGO

最初が肝心！
一週間をバッチリ乗りきろう！

学級開き
➡ 34ページへ GO

学級づくりは授業づくり！
子どもの心をつかもう！

授業開き
➡ 46ページへ GO

学年の要所を押さえ
授業研究にいかそう！

★ **授業づくりのポイント**
学習内容例　身につけたい力＋指導スキル　➡ 166ページへ GO

国語
学習の要所と指導スキル

滝澤 真

★ 学習内容例

月	学習内容例
4月	・詩を読んだ感想を友達と共有し、自分の考えを広げる（「かんがえるのって、おもしろい」）。 ・文と文の接続の関係、話や文章の構成について理解する。
5月	・話の内容を捉え、話し手の考えと比較しながら、自分の考えをまとめる。 ・原因と結果など、情報と情報の関係について理解する。
6月	・日常よく使われる敬語を理解し、使い方に慣れる。 ・古文を音読するなどして、言葉のリズムや響きに親しむ（「竹取物語」など）。
7月	・目的や意図に応じて、感じたことや考えたことから書くことを選ぶ。 ・読書に親しみ、読書が自分の考えを広げるために役立つことに気づく（「モモ」）。
9月	・比喩や反復などの表現の工夫に気づく（「われは草なり」）。 ・互いの意図や立場を明確にしながら、話し合う。
10月	・事実と感想、意見などの関係を押さえ、要旨を把握する。 ・人物像や物語の全体像を想像したり、表現の効果を考えたりする（「たずねびと」）。
11月	・共通語と方言の違いを理解する。 ・古典について解説した文章を読み、昔の人のものの見方を知る（「御伽草子」）。
12月	・筆者の説明の仕方の工夫について、考えをまとめ、話し合う。 ・伝記を読み、自分の生き方について考えたことを交流する（「津田梅子」）。
1月	・詩を読み、好きなところやその工夫について話し合う（「土」など）。 ・メディアとのかかわりについて自分の考えを文章に書く（「想像力のスイッチを入れよう」）。
2月	・相手や場に応じた適切な言葉を選び、手紙を書く。 ・読み手を意識して、構成を考え、物語を書く。
3月	・事実と感想、意見を区別して、説得力のある提案をする。 ・物語の魅力を見つけ、自分の言葉でまとめる（「大造じいさんとガン」）。

★ 身につけたい力

国語科で身につけさせたい力をシンプルに示せば、学習指導要領にあるように「話すこと・聞くこと」「書くこと」「読むこと」、それぞれに関する能力ということになります。

国語科の目標は2年ごとに示されますので、5年生と6年生の目標は同じです。

つまり、小学校ではここまで身につけさせたいという能力を、2年間かけて培っていくことになります。

では、具体的にはどのような力を身につければよいのでしょうか。

〈話すこと・聞くこと〉
・自分の考えをはっきりと伝えられること。
・相手の話の意図をつかみ、自分の考えと比較すること。
・互いの考えを尊重しながら話し合うこと。

〈書くこと〉
・筋道の通った文章となるように、文章全体の構成や展開を考えること。
・事実と意見、感想などを区別して書くこと。
・引用したり、図表やグラフを用いたりして、自分の考えが伝わるように工夫すること。

〈読むこと〉
・文章全体の構成を捉え、要旨を把握すること。
・目的に応じて文章と図表を結びつけるなどして必要な情報を見つけること。
・人物像や物語などの全体像を想像したり、表現の効果を考えたりすること。

★ 教材内容と教科内容の違いを意識しよう

特に物語の学習などで言えることですが、例えば「大造じいさんとガン」で、「大造じいさんは、残雪のどこに一番のすごみを感じたのだろうか」という発問をしている授業がありました。このように、この教材だけに関係するのが「教材内容」の学習です。

これが社会科ならば、教材内容を学ぶことがメインになることもあるでしょう。しかし国語科では、いくら「大造じいさんとガン」の内容に詳しくなっても、それで国語科の読む力がついたとは言えないのです。

国語科として教えるべき内容、つまり教科内容の指導も重要なのです。

5年で読むことで身につけさせたい力に、「表現の効果を考える」があります。まさにこれが教科内容に該当します。先の「大造じいさんとガン」で言えば、戦いの場面とその他の場面では、文章の書き方が変わります。

Contents

シリーズ刊行に寄せて　　002
はじめに　　003
本書活用のポイント　　004

第1章
小学5年の学級づくり＆授業づくり
指導のポイント＆準備術

- 小学5年　ゴールイメージと一年間の見通し　　012
- 教室環境＆レイアウト　　016
- 学級のルールづくり　　018
- 授業のルールづくり　　020
- 苦手さのある子への配慮ポイント　　022
- 学級担任として必ず知っておきたいこと　　024
- チェックリストでわかる！入学式・始業式までに必ずしておくべきこと　　026

第2章
成功するロケットスタート！
小学5年の学級開き＆授業開き

学級開き

- 学級開きとは　　034
- 1日目　　036
- 2日目　　038
- 3日目　　040
- 4日目　　042
- 5日目　　044

Rocket Start!!

授業開き

- 授業開きとは 046
- 国語 048
- 社会 050
- 算数 052
- 理科 054
- 音楽 056
- 図画工作 058
- 家庭 060
- 体育 062
- 外国語 064
- 特別の教科　道徳 066

第3章
小学5年の学級づくり＆授業づくり
12か月の仕事術

学級づくりのポイント

4月
- 今月の見通し 初期費用と維持費用を意識する 070
- 保護者を味方にする初めての授業参観 072
- 雰囲気づくりが重要！初めての保護者会 074
- 信頼関係を築く最初の家庭訪問 076
- 一週間で徹底！すべてのルール指導 078
- レク ルールを守る大切さを伝える「木とリス」 080
- 学級通信「自己開示のススメ」 082
- 電話や連絡帳を活用した保護者とのつながりづくり 084
- 年頃5年生への褒めると叱るのコツ 086
- 気になる子への初期対応 088
- 初めての委員会活動の紹介と選ばせ方 090

Contents

5月
- 今月の見通し 子ども不在に陥らない ... 092
- 運動会を大成功させる常日頃大作戦 ... 094
- プロから学ぶ給食・清掃大作戦 ... 096
- レク 男女の壁を越えて協力する「ビート5」 ... 098
- 専科の先生とのつきあい方 ... 100
- お話 挑戦することに意味がある ... 102

6月
- 今月の見通し 授業で学級をつくる ... 104
- 楽しいプール開きと確実な安全指導 ... 106
- レク 雨の日にぴったり「漢字宝探しゲーム」 ... 108
- 席替えという点を育ちの線で考える ... 110

7・8月
- 今月の見通し ていねいに終わり，ていねいにはじめる ... 112
- 意欲を育む「自分で内容を考える学習」 ... 114
- デジタルシチズンシップ教育へつなぐSNSモラルの指導 ... 116
- よい行動を強化する通知表作成のコツ ... 118
- 保護者に「来てよかった」と思ってもらえる個人面談 ... 120
- プリントでしっかり！夏休み前と明けの生活指導 ... 122

9月
- 今月の見通し いい学級でいい授業を成立させる ... 124
- 夏休み明け登校渋りへのアプローチ ... 126
- 髪型や服装の変化への気づきと対応 ... 128

10月
- 今月の見通し 半年経ったら「自分の学級」を意識する ... 130
- クラスの力を高める宿泊学習 ... 132
- 難しい保護者への対応セオリーと順序 ... 134

Rocket Start!!

11月
- **今月の見通し** 荒れの芽は指導不足と捉える ... 136
- 「覚悟」と「情報」をもってあたるいじめ指導 ... 138
- 一人一人と信頼関係でつながれ！高学年女子対応 ... 140

12月
- **今月の見通し** 学級の最高到達点を目指す ... 142
- **レ ク** 外国文化に触れる「クリスマス会」 ... 144
- 有意義な時間を願う冬休み前の指導 ... 146

1月
- **今月の見通し** 12月の勢いをそのまま「授業」に生かす ... 148
- **レ ク** 友達の多様な一面を知る「得意技発表会」 ... 150
- **お 話** 自分の頭で考える ... 152

2月
- **今月の見通し** 5年生を全うする ... 154
- 学年への負担を減らすも5年生を鍛える「6年生を送る会」 ... 156
- 学年末テストを利用した学力の定着 ... 158

3月
- **今月の見通し** いい別れがいい出会いを生む ... 160
- 見える化と共有で「いいね」を次年度につなげる指導 ... 162
- **レ ク** 思い出にスポットライト「学級解散パーティー」 ... 164

Contents

授業づくりのポイント

- 国語　学習の要所と指導スキル　　166
- 社会　学習の要所と指導スキル　　170
- 算数　学習の要所と指導スキル　　174
- 理科　学習の要所と指導スキル　　178
- 音楽　学習の要所と指導スキル　　182
- 図画工作　学習の要所と指導スキル　　186
- 家庭　学習の要所と指導スキル　　190
- 体育　学習の要所と指導スキル　　194
- 外国語　学習の要所と指導スキル　　198
- 特別の教科　道徳　学習の要所と指導スキル　　202

執筆者紹介　　206

第 1 章

小学5年の学級づくり＆授業づくり
指導のポイント＆準備術

小学5年
ゴールイメージと一年間の見通し

松尾 英明

⭐ まずはゴールイメージをもとう

　学級がはじまる４月のはじめ頃，来年の３月にはどのような子どもの姿になっていてほしいのか，理想像をなるべく具体的にイメージしておきます。先に明確なゴールイメージの方向性をもっておくことで，迷ったときにも次の行動が決まりやすくなります。

　理想のゴールイメージとは，喩えるならば，大海原に浮かぶ島です。「５年生担任」という大海へ出て一年間船を漕ぐとして，どちらに向かえばいいかわからないと，ずっと同じ場所をぐるぐる回ることになりかねません。目指す明確な方向が必要です。

　場合によっては，その島は途中で変わってもいいのです。行く手が困難すぎたり遠すぎたりして目標変更せざるを得ないときもあれば，思ったよりすぐ着いてしまうこともあります。いずれの場合にせよ大事なことは，今目指す方向が見えていることです。

⭐ ゴールイメージの一例

　特に初めての５年生担任という場合，３月にどうこう言われても，具体的なイメージをもちにくいでしょう。ここでは，ヒントのために例を挙げていきます。このままである必要はありません。自分の学級をイメージしていきましょう。

❶ 学力面

　学校の本分は，ずばり学力をつけることです。**どんなによい学級経営をしたといっても，必要な学力がついていないとなると，十分なゴールとは言えないでしょう。**文科省でも「資質・能力の育成」を掲げており，最低限の知識や技能が身についているだけでなく，それを授業中や実際の生活で活用している姿をイメージします。5年生は学習内容がぐんと難しくなる時期ですが，目指すのはそれでも学びに対し前向きな子どもたちの姿です。本書ではワークテストを活用した学力定着等についても提案してありますので，参考にしてみてください。

　各教科における具体的な指導については，第2章の「授業開き」及び第3章の「授業づくりのポイント」を見てください。

❷ 生活面

　学校生活にはすっかり慣れている状態であり，ルールを守るというのはある程度当たり前の前提として，むしろ既存のルールを自分たちで見直したり，存在意義を捉え直したりできるようにしていきたいところです。

　学習指導要領の特別活動の目標にも，5・6年生は「学級を単位として，信頼し支え合って楽しく豊かな学級や学校の生活をつくるとともに，日常の生活や学習に自主的に取り組もうとする態度の向上に資する活動を行うこと。」とあります。

　つまり，「学校生活における諸問題を自分たちで発見し，解決していく」「学校生活を自分たちでよりよくしていく」といった姿がイメージされます。

「クラス会議」などを開いて学級内での話合い活動を活発に行い，当番活動に責任をもつだけでなく，係活動を自分たちの生活向上のために発展させていくことも考えられます。

また，自分たちで各種イベントの企画や運営ができる力もつけたいところです。最初は教師主導の計画によるイベントでも構いません。最終的に，自分たちだけで学級解散パーティーのようなものを計画・運営している具体的な姿をイメージしていきましょう。

この辺りの一年間の計画については，第3章「学級づくりのポイント」に詳しく書いてありますので，そこを参考にイメージをつくっていってください。

❸ 人間関係の面

理想は「みんなが仲良し」と思うかもしれませんが，その考え方は危険です。数十人を越える人間関係において，そんなことは滅多にあり得ません。

目指すべきは「誰とでもゆるやかにつながれる関係」です。誰に対しても，好きかどうか，合うか合わないかにかかわらず，必要なところで協力できるという姿勢です。実際の仕事においても，最も必要なスキルと言えます。

5年生は特に女子を中心に，グループ化が起きやすい時期でもあります。男女を意図的に混ぜていくことも必要です。ここを最初から意識しているか否かは大きいので，理想をイメージしておきましょう。

この辺りの人間関係づくりについても，第3章「学級づくりのポイント」に詳しいので，よく読んでイメージづくりをしておきましょう。

❹ 高学年としての自覚の醸成

5年生は，ある意味「中途半端」な学年です。最高学年でもない一方で，6年生以外はすべて下学年という，中学や高校で言えば2年生，会社で言えば中間管理職のような立場です。各種行事や委員会，クラブなどでも，その辺りの絶妙な立ち振る舞いが求められます。

少なくとも，全体としては上の方にいて，下学年からは見られています。運動会といった全校行事など，大きな全体の動きのなかでは，高学年として引っ張っていけることを求めます。

一方で，6年生を立てて，頼る面があってもいいのです。特に顕著なのが委員会やクラブ活動ですが，6年生を頼りつつ，できることは自分たちで進んでやれるような姿を目指していきます。理想は，6年生にとって「刺激」となるような存在です。

なかでも「6年生を送る会」は，5年生の成長にとってまとめの行事です。ここの具体的な姿についても，本書の具体例を通してイメージづくりをしておいてください。

一年間の見通しをもつ

　5年生の一年間の見通しをもてるといいです……と言われても，どこから手をつけていいかわからないというのが本音だと思います。ここでも例を挙げていきます。

　ちなみに，この第1章を読んで，本書の目次をざっと眺めるだけでも見通しがもてます。なかでも第3章は，どの月にどんな準備が必要で，どんなことが起きやすいかも見通せます。是非そこも活用していってください。

❶ 4月

　4月は，一年間の労力の約半分を全力投入すると思って臨んでください。本書が「ロケットスタート」を冠している理由も，そこにあります。ご存知の通り，ロケット飛行にとって最も大切で，成否が分かれて，莫大なエネルギーを用いるのは発射時です。これは学級経営にも通じます。スタートが成功すれば，ある程度慣性で進んでいけます。特に第1章と第2章をよく読んで，確実なスタートを切ってください。

❷ 5～6月

　最初に指導したことがだんだんと緩んできてしまう時期でもあり，運動会などの各種行事もあって，慌ただしい期間です。行事を活用して学級づくりを進めつつ，4月の指導を再度行うつもりで臨みましょう。

❸ 7～9月

　学級にすっかり慣れて一度落ち着く時期ですが，学校によって個人面談や通知表という大きなものもあります。また，生徒指導上必要な夏休みの事前・事後指導もあるので，気を抜かずにいきましょう。特に9月は第2の学級開きだと思って，対策を万全にしていきましょう。

❹ 10～12月

　文化的行事や宿泊行事など，楽しいイベントが多い時期であると同時に，いじめ問題等が発生しやすい時期でもあります。何かしら変化があることを前提に臨みましょう。

❺ 1～3月

　総まとめの時期です。教えるよりも子どもの活動を見守る時間が多くなります。第3章をよく読み，余裕をもって迎えられるよう心構えをしておきましょう。

【参考文献】
- 赤坂真二・堀裕嗣編著『赤坂真二＆堀裕嗣直伝！最強の学級開き』明治図書
- 文部科学省「小学校学習指導要領（平成29年告示）解説　特別活動編」

教室環境＆

掃除用具

〈掃除用具整理は「正しい置き方」を視覚化して〉

ほうきの数を確認し、「正しい置き方」を写真に撮って掲示しておきます。

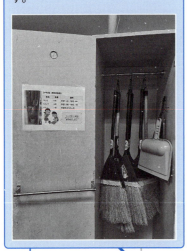

ロッカー

〈ロッカー整理はカラーボックスを追加して〉

教科書を「置き勉」することがデフォルトになりつつあります。従来のロッカーだけではたりなくなることが増えてきました。学校予算で用意してもらいましょう。

係活動の掲示

〈係活動のポスターは機能的に〉

集団を支えるための役割を学ぶ係活動では、「何をするのか」「誰がするのか」「いつするのか」を明示します。

レイアウト

藤原　友和

サブモニター

〈サブモニターは「学習状況の共有」のために〉
ホワイトボードアプリやプレゼンテーションアプリの共同編集機能を活用して共働的な学びに取り組む場合には，相互参照がポイントとなります。教師もその状況を把握するために，子どもたちの作業の様子を大きく映し出しておきます。そうすることで「A班はD班の作業内容を一度見に行くといいですよ」などのファシリテートがしやすくなります。

メインモニター

〈メインモニターは動きのあるものを〉
デジタル教科書には，参考動画や図形の変形，グラフや図などのコンテンツが豊富に用意されています。しかし，どのような文脈でどんなところに注目するとよいかは教師がパフォーマンスとして見せる必要があります。そこで，タッチ操作が可能な電子黒板では，動きのあるものを提示するのに使います。

黒板

〈板書は「記録機能」に焦点化する〉
1人1台端末を活用する授業を構想する場合，理解の促進や情報の共有はモニターを使用した方が都合がよい場合が多いようです。そこで，板書はその時間に何をするのか大まかに示したり，その時間中はずっと参照できるようにしておきたいものを提示するために使うようにします。

学級のルールづくり

飯村　友和

 ルールをつくる前に

❶ 学校全体のルールを確認する

　学級のルールを決める前に，学校全体ではどのようなルールになっているのかをまず確認することが大切です。そうでないと，自分の学級だけが学校全体とは違うルールになってしまうからです。

　年度はじめには，生徒指導部から「学校のきまり」が出されます。まずは，それを教師がよく読み，きちんと理解したうえで学級のルールづくりをしていくことが大切です。

　さらに，もし前担任に聞くことができるのであれば，どのような学級のルールがあったのかを聞いておくとよいでしょう。

❷ 本当に全員ができるかどうかを教師が実際にやってみて考える

　ルールを決める前に，子どもの立場に立って，「このルールは本当に全員ができるか」を想像することが大切です。やってみると，無理があって「一部の子しかできなかった」なんてこともあります。

　実際に教師がやってみて，全員ができるものかどうかを確認した方がよいでしょう。

 ルールをつくるときに

❶ 最初は教師主導で

　まずは，教師主導でルールを決めていきます。

　その際，例えば，「朝登校したら，①挨拶をして教室に入る，②ランドセルの中身を出して机のなかに入れる，③ランドセルをロッカーにしまう，④提出物・宿題を出す」いうように，一日の生活を想起しながら，「この場合はこうする」というルールを決めていきます。

　「なぜそうしているのか」「何のためにそのルールはあるのか」を考えさせ，納得感をもたせることが大切です。

最初は，あくまで教師主導で決めていきますが，子どもたちは5年生です。1年生から4年生までの間に慣れ親しんできたルールもあることでしょう。子どもたちからも意見を聞いて，取り入れられるものは取り入れていきます。教師から一方的に押しつけられたと感じることがないように配慮することが大切です。

❷ **子どもたちが考える余白を残しておく**
　ルールは，子どもたちが自分たちで考えて決めたものだからこそ守ろうとする意識が高まるのです。最初は，ある程度教師主導で決めていきますが，余白は残しておきます。ルールが必要になったときに，「どうする？」と子どもたちに投げ掛け，ルールを考えてもらうようにします。

ルールを定着させるために

　ルールは，決めただけでは定着しません。定着させるために，次の三つのことをします。

❶ **見える化**
　言葉で伝えるだけでは，子どもたちはルールを忘れてしまいます。決めた教師自身さえも忘れてしまうことだってあります。
　そこで，大事なルールは書いて教室に掲示しておくことにします。

❷ **強化**
　ルールを守らない子には，注意をします。そして，守っている子は褒めます。
　これを繰り返すことによって，強化していきます。
　忘れがちなのは，ルールを守っている子を褒めることです。ルールを守らない子は目立つので意識が向きますが，守っている子は目立ちません。ルールをきちんと守る子のおかげで，みんなが安心して学校生活を送ることができていることに感謝の気持ちを伝えるようにします。正しい行いをしている子にこそ，スポットライトが当たるようにするのです。

❸ **自己評価**
　月に一回程度，子どもたちが学級のルールを守ることができているか自己評価をする機会をつくります。
　アンケート用紙に，学級のルールについて，4段階（とてもよくできている・できている・あまりできていない・まったくできていない）で自己評価をしていきます。自己評価をしてみて，①気がついたこと，②来月特にがんばることを書くようにします。

授業のルールづくり

飯村　友和

⭐ 授業のルールづくりは,「模倣の連鎖」で定着させていく

❶ まずは教師から

　授業のなかで,子どもたちに「このようにしてほしい」「こうあってほしい」という姿をまずは教師がやって見せます。まずは教師からなのです。

　例えば,発言をするときにはハキハキと大きな声で話してほしい,誰かの発言を聞くときには,その人の方を向いて頷きながら話を聞いてほしい,ていねいに文字を書いてほしい等,そう思っているのであれば教師が実際にやって見せるのです。

　ポイントは,お手本として「こうやるんだよ」と見せているときだけでなく,いつもやるということです。子どもに「こうしなさい」と言っている教師が,やっているのはそのときだけで,いつもはやっていないのであれば,まったく説得力がありません。いつもやっている教師の言うことだからこそ,子どもたちは聞こうとするのです。

❷ モデルとなる子を見つける

　教師が「こうやるんだよ」と教えて,お手本を見せても,みんながみんなすぐにできるようになるわけではありません。

　しかし,子どものなかには,教師の模倣をするのが得意な子もいます。その子を見逃さずに,褒めてスポットライトを当てるのです。

❸ モデルを模倣して,できるようになる

　教師の見本を見ただけではできるようにならない子は,できるようになった子をモデルにして,その子の模倣をするようにするのです。

　教師の模倣はできなくても,子ども同士の模倣だったらできるということも多くあります。

　ビートたけし本人を見て,そのモノマネができなくても,ビートたけしのモノマネをしている人を見てモノマネができるようになる人がいっぱいいるのと同じ理屈です。

　できるようになった子をモデルにして,まだできていない子は模倣する。それを繰り返して

いく，つまり模倣を連鎖させていくのです。

　基本は教師からですが，5年生ともなればこれまでにたくさんの指導を受けてきているので，教師がお手本を見せなくても，最初からクラスのなかにモデルとなる子がいる場合があります。その場合は，最初からその子にスポットライトを当てて，それを広めていくようにします。

最初はこのルールから……「聞き方」

　教室においての「聞く」とは，単に耳から情報を入れるだけではなく，相手にしっかりと聞いているということを態度で伝え，安心して話してもらうためにする行為です。授業で安心安全に学ぶうえで，極めて大事なことです。

　聞くときには，発言している子に体を向けて，「うんうん」と頷いて聞くとよいことを最初に指導します。

　この「聞く」ということは極めて大事なことなので，活動を通して，そのよさをみんなが実感したうえでルールをつくっていきます。

　次のような活動をします。
- ペアになって，話す役と聞く役を決めます。
- 話す役が30秒間「私の好きなもの」について話をする。
　（学級の実態によってはメモを書く時間をとってもよいでしょう。）
- 聞き役は，自分の考える「悪い聞き方」で話を聞きます。
- 役割を交代して同じことをします。
- 話す役になったときにどんな気分だったかを聞きます。
- もう一度，話す役は「私の好きなもの」について話をします。
- 聞き役は，自分の考える「よい聞き方」で話を聞きます。
- 役割を交代して同じことをします。
- 話す役になったときにどんな気分だったかを聞きます。

　「よい聞き方」の方が話しやすく，仲良くなれそうだということを，子どもたちに体験を通して実感してもらいます。この後，「5年〇組聞き方のルール」を決めて，掲示します。

　そして，折に触れて，「よい聞き方」ができているかどうか確認します。

　もちろん，教師が誰よりも一生懸命話を聞こうとする姿を見せることが大切です。

苦手さのある子への配慮ポイント

川上　康則

★ 理解がない教師には，相談を持ち掛けることすらできない

　どんな人にも「苦手」や「不得意」があります。どんな人にも感情の浮き沈みがあります。
　ところが，学校という場はそんな人としてごく当たり前のことを許さない・認めない傾向が備わっています。例えば，学級目標は常にポジティブさが期待され，心の教育と称して「まるで一点の曇りもない快晴のような純粋な心」をもつことを子どもたちに求めます。
　また，学びのスタイルは多様であるはずなのに，今も画一的で一律な教え方が進められています。「漢字は繰り返し書いて覚えるのが基本，かけ算は繰り返し唱えて記憶するのが基本，計算の途中式は書かなければ減点，筆算の際に線は定規を使って引かなければならない」など，挙げればきりがないくらい，学校は教師の意向に沿うことを子どもたちに求めます。
　こうした自覚がないまま「素直で明るく元気に教師の期待に応える子」や「教師の教え方に応じられる子」を目指してはいないでしょうか。教師都合の「譲れないライン」「毅然とした指導」「ブレない軸」ほど危険なものはありません。なぜなら，その枠から外れる子やはみ出す子は，教師によって苦手さが増長されてしまった子であるからです。加えて彼らの存在は，教師にとって「自分の正義を壊す悪者」「自分の正常さを乱す異常な行動」にも思えてしまいます。こうして子どもも大人も双方が苦しんでしまう結果に陥っていきます。
　このような悲劇を繰り返さないためには，子どもの苦手さへの理解が欠かせません。理解がない教師・支援者には相談を持ち掛けることすらできません。「どうせ話しても叱られるに決まっている」という気持ちから，子どもたちは当然ながら隠そうとします。隠せば，苦手意識は一層強くなり，無力感や孤立感も生まれます。
　子どもたちが自分自身の「苦手を意識して，助けを求める」プロセスは単純ではありません。相談できる相手を思い浮かべたとき，あなたの顔が真っ先に浮かぶでしょうか。苦手さがある子への配慮のポイントとは「子どもの行動をどう変容させていくか」ではなく，むしろ「どのような立ち位置で子どもと向き合うのか」という大人の在り方と，「その子をどのように見るか」という人間観が問われていると言えるでしょう。

⭐ 「どれだけ大切にされているか」を感じ「変わりたい」と思える

　子どもが自らの行動をふり返ったり，負の情動（不安・焦り・心配・脅威・追いつめられた気持ちなど）を抱えたままでいることを受け止めたりできるようになるためには，包み込める大人の存在が不可欠です。
　包み込める大人とは，具体的には以下の五つが自然体でできる教師のことを言います。
①表面的な行動（攻撃的・破壊的・拒否的・否定的な言動）に振り回されない
②内面の葛藤やこの子なりの事情を理解する
③本人の気持ちを言語化する
④大人が示す落ち着いた状態に巻き込む
⑤時間をかけて待つ

　人が変わろうとする意欲は，その人の内面から沸き起こってくるものです。外側から「変えよう」「直そう」「正そう」とするような「外圧的な行動変容」はほとんど効果を発揮しません。なかには教師の顔色をうかがいながら，まるで忖度するかのごとく「叱られないように」と鳴りを潜めるような一見静かなクラスもありますが，子どもたちは「カモフラージュ」しているだけであって，信頼に値しない教師であることを見抜いています。
　内発的な行動変容のエネルギーは「この人と一緒なら，少しは考えてみてもいいかな」「この人が見ていてくれるなら，人生はそれほど捨てたものではないかも」といった「安全基地（Secure Base）となり得る他者」の存在に支えられています。
　相手の考えや価値観を知ろうとし，それを受け止めようとする態度と，相手や状況に応じた柔軟な姿勢を維持し続ける人間観を携えた教師で溢れた学校になれば，教室は今よりも心地よい空気感で包まれる場になっていくのではないでしょうか。
　人の行動はそうそう簡単には変わりません。時間を掛けてじんわりと変わっていくような緩い変化かもしれません。それでも，「この先生は自分のことをわかってくれる」まで待てるかどうかが問われています。なぜなら，「自分がどれだけ大切にされているか」を感じとって初めて子どもは「変わりたい」と思えるようになるからです。
　これまでの学校文化では，整列・移動・姿勢など「そろう」「整う」状態が高い指導力の象徴のように捉えられてきました。しかし，これらはすべて表面的な見栄えであって，子どもたちの内面に寄り添うものではありませんでした。同質であることを求めれば，当然それに合わせられないという問題が生じやすくなります。
　これからの「そろう」「整う」が目指すべき対象は，子どもの内面に向かうべきです。一人一人が自分の個性を認められ大切にされているという「安心感」がそろうこと。こうした土台をつくることこそが無理のない自然な配慮や支援となっていくのだと思います。

学級担任として
必ず知っておきたいこと

南　惠介

 命にかかわることを優先する

　いきなり大げさな……と思われる方もおられるかもしれませんが，学校は多くの子どもたちがいて，必ずしもすべての場面でずっと大人が目を配っていることができない場です。

　特に高学年では，「じっとだまって我慢しておく」という選択肢をもっている子もいるので，「見えないところで」いろんなことが進んでしまうこともあり得ない話ではありません。

　教師が意識していないと「見えない」ことは，多々あります。

　命にかかわることは考えはじめたらきりがありません。だからこそ，学級スタートのこの時期だからこそ，まず知っておくべきことを以下に示します。

 命にかかわること①〜アレルギー〜

❶ **アレルギー**

　家庭訪問で最初に確認するのは，やはりアレルギーについてです。これは，保護者に対して「お子さん一人一人の命を大切にします」というメッセージを伝えるという面もありますが，「実は……」「そう言えば」と，幼少期の頃のこと，給食には出ないけれどアレルギーが疑われるものについて情報を得ることがあります。

　給食については，これまでの経緯も含めて共有され，既に除去食などの対応策も講じられていると思います。しかし，高学年では家庭科の調理実習などで給食以外に食べ物を口にすることもあります。

　アレルギーがあるならその対応もよく聞いておきましょう。即，救急車対応やエピペン対応が主治医から指示されていることもあるので，慎重に，確実に対応することが必要です。

❷ **持病**

　運動制限がかかっている子どもがいることがあります。

　病状，調子の悪いときの様子，運動制限の有無や程度など，最初に家庭訪問をするなどして，

よくその様子を聞いておくことが大切です。

　ここで、「しっかりこの子の様子を知っておきたい」という態度を示すことは、信頼感につながります。信頼感があれば、保護者にとって年度途中の体調の変化をよく伝えやすくなります。

❸ いじめ

　いじめに対する状況確認も必要です。

　高学年になると、かなりひどいいじめでも担任に伝えないことがあります。

　「言っても仕方ない」「さらにひどくなる」そういう経験をもっていることがあるからです。

　それまでずっといじめがあるのが当たり前のなかで生活してきたから、「わざわざ言わなくてもよい」と感じている子もいます。

　もちろん、前年度からの引継ぎはしっかり行います。「いじめ」という言葉が使われなくても、「もしかしたら、いじめにつながっているかもしれない」と感じる内容が出てくることもあります。

　思い込みで子どもたちを見ることはよいことではありませんが、「ないに違いない」ではなく、「もしかしたらあるかもしれない」と思いながら、よくよく子どもたちの様子を見ていきます。そこで、「継続」が見えてくるなら、しっかり記録をとりながら、どのように解決に向かっていくか作戦や取り組みを考えていく必要があります。

　そうは言っても、やっぱり重要なのは、意識して子どもたちの様子を見ることです。

❹ 家庭環境

　家庭環境そのものが命にかかわる問題を引き起こすことがあります。

　虐待、連れ去りなど、実は先生たちが知らなかったことも学年が大きくなった5年生でも新しく出てくることがあります。家庭の状況も変化していきます。

　少なくとも前年度の引継ぎを行うこと。そして、前学年の担任だけではなく、それ以前の担任や管理職からの情報も得ておくことで、様々な状況を知ることができる場合があります。

〈命にかかわることだと考えて知っておくべきこと〉
- □アレルギー対応（年度途中で変わることがある）
- □持病の有無とその対応（運動制限とその程度など）
- □いじめやそれに近い関係性の有無やその状況
- □家庭環境

チェックリストでわかる！
入学式・始業式までに必ずしておくべきこと

山田　洋一

⭐ 子ども理解チェックリスト

　その子どもたちを担任するとわかってから，始業式までにやっておくべきことは，できるだけたくさんのその子たちにまつわる情報を集めるということです。何のためかと言えば，理由は二つあります。一つは，人間関係ができあがっていないうちに，子どもへの接し方でNG行為を避けるため。もう一つは，初日から子どもとの関係づくりのきっかけを得るためです。

- □ 指導要録（家庭環境調査票）に目を通す。
- □ 出席番号と名前を覚える。
- □ 顔と名前を一致させておく。
- □ 前担任から，その子のよいところを最低一つはエピソードで聞いておく。
- □ 前担任から，その子の課題を一つはエピソードで聞いておく。
- □ 前担任から，その子と関係のよい子，関係のよくない子を聞いておく。
- □ その子の好きなもの，苦手なものに関する情報を集める。
- □ 健康カードに目を通す。
- □ アレルギーとアレルゲンを確認する。
- □ 親子関係，兄弟関係を確認する。
- □ その子の家の場所を確認する。
- □ 不登校，不登校傾向の子の引継ぎをし，必要なら事前に家庭訪問する。
- □ 発達課題がある子どもの場合，通院，通所の確認をする。障害の基礎知識を頭に入れる（かかりつけ医や，普段服用している薬の有無も確認する）。

⭐ 学級事務チェックリスト

　この時期の事務作業を甘く見てはいけません。すべての事務作業をリストアップして，春休みのうちに処理しておかないと，学級開き時期の放課後を，子どものことではなく，事務作業に費やさなくてはいけなくなります。ポイントは，隙間時間をうまく利用して，小さな規模の

時間を積み重ねて，事務作業を終わらせるということです。

CHECK
- ☐ 学級費の集金方法を確認する。(引き落としや，要保護・準要保護家庭の入金方法等。)
- ☐ 要録に押印する。
- ☐ 要録の一覧表を作る。
- ☐ エクセルで名簿を作っておく。
- ☐ 出席簿整理をする。
- ☐ 子どもの住所地図を作成する。
- ☐ 家庭訪問や個人面談の計画を作成する。
- ☐ 氏名印を整理する。(はんこすべてに出席番号を鉛筆で書き込む。並べるときに便利。)
- ☐ 学年業務や教科の分担をする。
- ☐ 学年・学級会計の予算を立てる。
- ☐ 副教材の購入計画を作成する。
- ☐ 転入生の確認をする。
- ☐ 成績入力表を作る。または，市販テストの付録をインストール，設定する。
- ☐ 児童名を単語登録する。

★ 学習指導・学級経営チェックリスト

　学習に向かう態度や取り組み方，学級生活のルーティンを定着するには，初期指導がとても大切です。そして，それは，春休みに構想し，計画的に行わなければ，定着しません。

〈学習指導〉

CHECK
- ☐ 全教科書に目を通す。特に最後の単元を確認して，一年間で子どもたちがどんな力をつけていればよいかのおおよそを確認する。
- ☐ 発表の仕方の基本形を決めておく。必要に応じて掲示物を作成する。
- ☐ 手の挙げ方の指導を構想する。
- ☐ 返事の仕方の指導を構想する。
- ☐ 立ち方，座り方の指導を構想する。
- ☐ 教師のところにノートを見せるときの指導を構想する。(子どもの動線を決めておく。)
- ☐ 席を離れるときの伝え方の指導を構想する。
- ☐ 教科書の読み方の指導を構想する。
- ☐ 立位，座位の姿勢の指導を構想する。
- ☐ ノートの規格を確認し，ノート指導(日付，ページ数，課題，まとめ)を構想する。
- ☐ 全教科の第1時間目の発問，指示をノートに書きつける。
- ☐ 持ち物(筆箱の中身など)の検討，確認を各学年とする。

- ☐ 机のなかの使い方を構想する。
- ☐ 向こう一週間の授業計画を立てる。
  （そのなかで身につけさせたい学習技能などもノートに書きつけておく。）
- ☐ 実態調査のためのテストを準備する。
- ☐ 国語科，道徳科の年間（or 3 か月）指導計画を確認する。
  （他教科・他領域との関連を調べて，カリキュラム・マネジメントする。）
- ☐ 教科指導の先行実践をたくさん集め，吟味する。

〈学級経営〉

- ☐ 学年目標，学級目標の決め方を考える。
- ☐ 初期の座席を決定する。
- ☐ 一人一役の仕事を人数分考える。
- ☐ 教室，特別教室の掃除の仕方を確認しておく。
- ☐ 班活動についてイメージしておく。
- ☐ 座席の形態を3種類以上考える。（テスト，授業，学び合い，班での相談 etc.）
- ☐ 給食の配膳の仕方と後片づけの手順を決めておく。
- ☐ 給食の盛りつけ量の基準を考える。
- ☐ 給食の残しのルールを決めておく。
- ☐ 給食のおかわりのルールを決めておく。
- ☐ 宿題，日記，家庭学習のシステムをどうするか考えておく。
- ☐ 朝の会・帰りの会のプログラム（最初は少なめに）を考えておく。
- ☐ 朝の時間の過ごし方を確認しておく。
- ☐ テストが早く終わったらどうするのかのルールを決めておく。
- ☐ 学級通信の第1号を書く。
- ☐ 学年通信発行計画作成，及び第1号を書く。
- ☐ ロッカーの使い方を決めておく。
- ☐ ミニ学級経営案を作る。（一日の生活に合わせて考える。）

⭐ 教室掲示＆環境チェックリスト

　子どもの心的な状況は，意外なほど見ているものに影響されます。整理整頓が不十分な教室にいれば，やはり心も乱れるものです。また，教室掲示は耳からの指示だけでは情報を受けとりにくい認知特性をもっている子どもたちや，記憶することが苦手な子どもたちにとっては，「やり方」を何度も確認することができる大切なツールなのです。

- □ 掲示物，棚，机などの配置レイアウトを考える。
- □ 学級文庫の選定，配置をする。
- □ 教卓の場所を決める。
- □ 時間割カード，時間割掲示板を作成する。
- □ 名前くじを作成する。
- □ 徹底的に教室をきれいに掃除する。
  （時々前任者が中途半端なままのことがある。）
- □ 掃除当番の順番と掃除手順を示した掲示物を作成する（特別教室も同様）。
- □ 給食当番の順番と掃除手順を示した掲示物を作成する（特別教室も同様）。
- □ 給食の配膳手順，片づけの手順・方法を示す掲示物を作成する。
- □ 靴箱を確認する。
  （きれいになっていないときがある。）
- □ 初日の板書（メッセージや飾り）を計画し，作成する。
- □ 教室にあると便利なものの用意をする。
  （忘れたとき用のノートコピー，忘れたとき用の文房具，おがくず，ビニル袋，ティッシュ，トイレットペーパー，プラケースなど）
- □ 児童用教科書の準備をする。
- □ 学級菜園で育てるものを決めておく。
- □ 名前シール作成（雨具かけ，下駄箱，机，椅子，ロッカー）。テプラの場合はそのまま貼る。タックシールの場合は貼る場所全体に一本のビニールテープを貼ってからそのうえに貼ると，はがすときに楽。
- □ 名前マグネットを一人二枚用意する。
- □ コート掛けのフックに破損がないか確認する。
- □ 子どもの手が届きそうな壁を手で触る。
  （ささくれ，画びょうの針がないか確認する。）

⭐ 保護者関係チェックリスト

- □ 配慮が必要な保護者を聞いておく。
  （前担任とうまくいっていない保護者，難しい保護者，連絡がつきにくい保護者のことを，具体的なエピソードで聞いておく。）
- □ PTA役員をしてくれそうな保護者を聞いておく。
- □ 要保護，準要保護家庭を確認しておく。

【参考文献】
- 山田洋一著『小学校初任者研修プログラム 教師力を育てるトレーニング講座30』明治図書（pp.178-179 「年度初め準備チェックシート」を加筆修正した）

＿＿＿＿＿＿＿年度　学級経営ビジョンシート

○教師の心構え

　　私は，この子どもたちを ＿＿＿＿＿＿＿＿＿＿＿＿＿＿＿＿＿＿＿＿ にするためにいる。

　どちらかというと（　厳しくあたたかい教師　・　甘くあたたかい教師　・　厳しく冷たい教師　）なので，子どもへの接し方は ＿＿＿＿＿＿＿＿＿＿＿＿＿＿＿＿＿＿＿＿ でありたい。

○毎日教室で続けたいこと（例：毎朝，子どもが来る前に机上を拭く　など）

①　[　　　　　　　　　　　　　　　　　　　　　　　　　　　]

②　[　　　　　　　　　　　　　　　　　　　　　　　　　　　]

③　[　　　　　　　　　　　　　　　　　　　　　　　　　　　]

○自分の強みとなる教科

　教科　[　　　　　　　　　　　]

　特にどんな力を育てたいか

　[　　　　　　　　　　　　　　　　　　　　　　　　　　　　　　]

○子どもたちにたくさん掛けてあげたい言葉

[　　　　　　　　　　　　　　　　　　　　　　　　　　　　　　　]

○子どもたちに向けて，決して言わない言葉

[　　　　　　　　　　　　　　　　　　　　　　　　　　　　　　　]

○私が，厳しく叱るのは，次のときです。
　①
　②
　③

○褒め言葉　三段階
　🌸　「　　　　　　　　　　　　　　　　　　　　　　　　　　　　　　　　」
　◎　「　　　　　　　　　　　　　　　　　　　　　　　　　　　　　　　　」
　○　「　　　　　　　　　　　　　　　　　　　　　　　　　　　　　　　　」

○叱る言葉　三段階
　△　「　　　　　　　　　　　　　　　　　　　　　　　　　　　　　　　　」
　×　「　　　　　　　　　　　　　　　　　　　　　　　　　　　　　　　　」
　××「　　　　　　　　　　　　　　　　　　　　　　　　　　　　　　　　」

○一年後の学級イメージ
　授業中　　　　　→
　休み時間　　　　→
　給食時間　　　　→
　掃除の時間　　　→
　朝の会・帰りの会→

○一年間を七つに分ける／指導重点

期間	期　名	重点的指導内容
第1期	学級開き	生活手順／学習規律の定着
第2期		
第3期		
第4期		
第5期		
第6期		
第7期	学級じまい	

第 2 章

成功するロケットスタート！
小学5年の
学級開き＆授業開き

学級開きとは

松尾　英明

⭐ 学級開きとはロケットの発射台

　5年生の一年間のなかで，最も念入りな準備が必要な時期はいつでしょうか。これは紛れもなく，4月です。なかでも学級開きは，ロケットに喩えると発射の瞬間なのです。テレビなどで，ロケット発射の瞬間を見たことがあるかと思います。みんな，祈るようにして見守っています。何事もスタートは，最もエネルギーが必要で，最も重要な瞬間なのです。

　一度飛び立ってしまえば，後は慣性の法則に従って小さなエネルギーで進むことができます。物体は静止している状態から動かすのに一番力が要る一方で，動きはじめれば，そこから動かすのはどんどん楽になります。

　別の例で言えば，花の種まきで，これには最適な時期があります。時期を逃すと，どんなに水をあげようが，咲くものも咲かなくなります。また，芽が出たばかりで弱い子葉のうちは，一番手を掛ける必要があるでしょう。

　つまり，最初が肝心だということです。後でなんとかなることと，なんとかならないことがあります。学級経営にも似たところがあり，0から1が一番大変なところです。そして，新しい環境を受け容れるのに最適なタイミングでもあります。基本的な方針や学級独自のルールも，この時期だからこそ受け容れられるものがあります。

　学級開きとは，担任にとって一年間のなかで最も重要でかつエネルギーの要る，ロケットスタートの発射台であると考えます。

⭐ 学級開きで伝える三つのポイント

　学級開きで必ず伝えるべきことは，次の三つのメッセージです。

> ①安全・安心な教室
> ②ルールの通る教室
> ③楽しい教室

❶ 安全・安心な教室

　これがないとはじまらない，それが，「安全・安心」です。

　楽しい教室は，安全や安心をベースにしたものです。また，規律がきっちりと守られていても，不安感があればよい学級とは言えません。

　だから，まずは「安全・安心」を子どもに与えることを最優先にします。

　特に，いじめや学級崩壊などを経験してきた子どもにとっては，最重要の項目です。「全員を必ず守る」という宣言と具体的な行動が必要です。前年度から引きずっているいじめ問題などへの対処が必要になることもあり，最も大切な部分です。

❷ ルールの通る教室

　規律なく自由のみという状態であれば，リーダー不在の学級崩壊と呼ばれる状態になるでしょう。自由なく規律のみという状態であれば，専制君主という状態になり，これも隠れた崩壊の一種です。自由と規律のバランスのある，安心感を与えること。やるべきことはやる，ダメなことはダメ，遊ぶときは思い切り遊ぶ，といったこと。ここをきちっと押さえます。

　学校生活や授業でのルールの指導を，学級開きから入れていきます。

❸ 楽しい教室

　楽しさは，やる気を起こす源の一つです。この要素を，学級開きから意図的に入れます。やる気のベースとしての，教師と子どもの信頼関係づくりです。

　最初のうちは，子どもにとって，サービスされる，与えられるものでよいでしょう。楽しさも，こちらからまずは提供していきます。段階を踏んで，自分たちでつくる楽しさに移行していきます。困難さの克服も楽しさの一種ですが，これらは後で体験する楽しさです。学級開きの楽しさは，これからに期待がもてることに主眼を置きます。

【参考文献】
● 赤坂真二編著『一人残らず笑顔にする学級開き　小学校〜中学校の完全シナリオ（学級を最高のチームにする極意）』明治図書（以下「学級開き」に関する項目はすべてこの書籍を元に作成）

| 1日目 | 2日目 | 3日目 | 4日目 | 5日目 |

学級開き

1日目

松尾　英明

⭐ 1日目にすること

❶ **自己紹介**　→安心感と楽しさを伝える（最重要）
❷ **呼名**　→子どもとつながる
❸ **最低限のルールの提示**　→安全・安心の学級づくり宣言
❹ **プリント，教科書配付**　→望ましい習慣づくり

　初日に行うことは，人間関係づくりやルール確認といった，学級全体の基礎づくりです。まずは子どもと担任がつながることからはじめ，子ども同士がつながることをねらっていきます。すべてのベースとなるのは，安全・安心の感覚です。まずはここからはじめましょう。

⭐ 1日目の流れ

❶ 自己紹介

　教室に入ったら，右のようなプリントを配ります。
　このプリントでは，単なる教師の自己紹介をしているようで，実は学級としての目指したい姿，例えば，得意を生かして互いに助け合う学級にしていこうとも呼び掛けています。一つずつに，このようなねらいとメッセージをもって，答え合わせを進めていきます。「楽しさ」の要素をもつゲーム感覚で，方針を伝えることができるおすすめの方法です。

自己紹介クイズ！

5年2組担任　松尾　英明より

名前＿＿＿＿＿＿＿＿＿

次のことは本当かうそか？〇か×を「予想」のらんに書きましょう。当たるかな？

問題	予想	正解
1. 私は，字を書くことが得意だ。		
2. 私が得意なスポーツは，野球である。		
3. 私は，実は魔法使いで，色々な魔法が使える。		
4. 私は，けっこうきれい好きで，掃除が好きだ。		
5. 私は，歌うのが好きで，みんなで歌うのはもっと好きだ。		
6. 私は，授業中に周りの人の答えを見たり聞いたりすると注意する。		
7. 私は，授業中に間違った答えを言って欲しくない。		
8. 私は，毎日休み時間にみんなと遊ぶのは面倒くさいと思っている。		
9. 私は，成長するためには素直さが一番大切だと思っている。		
10. 私は，5年2組を最高のクラスにしたいと思っている。		

みんなが気持ちよく過ごすためのたった一つの約束

❷ 呼名

　クイズの10問が終わったら，自己紹介プリントの内容がまだ残っていますが，一度呼名に移ります。次のように語ります。

> 　これから名前を呼びます。返事は「はいっ」とはっきりと。「はい」の後の「っ」がポイントです（「はいっ」と板書）。ではいきます。○○さん（目の前へ行って）。よろしくね。ピアノが得意だってね。……

　返事の後に一言つけ加えるために，事前に名簿に子どもの情報をメモするという作業を仕込んでおきます。「誕生日が同じだね」「犬が大好きなんだってね」などと言うと，びっくりすると同時に「自分に興味をもってくれている」と感じやすくなります。情報源は，引継ぎ時に教えてもらうか，歴代の担任の誰かしらに聞いておきます。それもできない場合は指導要録を見て調べるという手があります。少し手間ですが，その後の効果を考えると大いにやる価値があります。

　なお，最近の子どもの名前は読み方が独特で難しいものが多いので，名簿には必ずふりがなをつけて，事前に何度も呼名の練習をしておきましょう。

❸ 最低限のルールの提示

　呼名が終わったら，次のことを板書し，先のプリントの最後の欄に書かせます。

> 人を傷つけない

　「人」には，他人だけでなく自分も含まれます。「傷つけない」は，体と心の両方です。つまり，危険な行為やいじめ，人を傷つけるような悪ふざけはダメだとはっきり伝えます。

　この宣言で，気持ちよく過ごせるクラスにするという期待と，そのために横暴な行為は許されないという厳しさの両面を共通理解します。「厳しさも安全・安心なクラスづくりのためだ」と初日に共通理解を得ておくことで，いざというときに指導がすっと入ります。命にかかわる安全指導に関しては，大事に至ってからでは遅いので，事前指導が特に大切です。

❹ プリント，教科書配付

　初日は，教科書はもちろん，結構な量のプリント類があります。これもただ配るのではなく，「どうぞ」「ありがとう」の一言を添えるように指導し，望ましい習慣やルールの基礎づくりをしましょう。ここまでのどの指導においても，共通して明るい空気づくりが大切です。まずは，出会いの緊張と期待で固まった空気を，こちらからどんどん動かしていきましょう。

2日目

松尾　英明

⭐ 2日目にすること

❶ 朝の支度と活動
❷ 朝の会の流れ
❸ 授業全般のルールに関する確認
❹ 帰りの会の流れ

　2日目にすることは，学級の基本的な仕組みづくりです。朝来たら，何をするのか。朝の会や帰りの会の流れはどうなっているのか。日直はどんな仕事をして，どう回ってくるのか。まずは基本の仕組みを指導して，流れをつくりましょう。

⭐ 2日目の流れ

❶ 朝の支度と活動

　学校ごとに，朝の活動が設定されていることが多いと思います。読書であったり，運動であったり，基礎的な学力づくりの時間であったり，様々です。
　また，4月の最初は，保健関係の書類や家庭環境調査票など，個人情報にかかわる提出物関係が数多くあります。何をどこにどのように出せばいいのか，子どもたちはわかっていません。放っておくと，いつの間にか教卓上に大事な書類がバラバラに山積みで提出されているような状態になりかねません。
　さらに，いつまでに着席して，何をすればいいのか。これがわからないと，教室が騒然となり，スタートから落ち着きません。
　これらについては，登校前にすべて黒板に書いて明示しておきます。登校時刻がバラバラでも，黒板に書いてあればわかります。何事も，事前指導と仕込みが肝です。

❷ 朝の会の流れ

　日直の指名から行います。低学年だと二人おくこともありますが，ここまで十分に経験のある５年生なので，進行役は一人でもいいでしょう。基本は出席番号順や席順で大丈夫かと思います。最初はサポートしながら担任も一緒に行います。

　朝の会の流れは，掲示物に明示しておきます。昨年度のものを参考に最低限のものでいいです。今後必要に応じて変更もあり得るということで，とりあえずの流れを示しておきます。

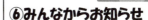

朝の会
① あいさつ
② 朝のチェック→名札
　・提出物・連絡帳
③ 健康観察
④ 朝の歌
⑤ 日直の話
⑥ みんなからお知らせ
⑦ 先生の話

❸ 授業全般のルールに関する確認

　まず，時程の確認として，何時何分にはじまるから何分までに着席あるいは教室移動して，何を準備しておく，ということを指導します。特に業間休みのような外遊びのできる長い休み時間については，事前指導が肝です。５年生の授業遅刻は，ほぼ「確信犯」です。指導しても確実に遅れてくることを前提に，その後の指導までも考えておく余裕をもちましょう。

　授業開始時に準備しておくべき基本的な用具についても指導します。例えば，国語科や算数科などの書くことが多い教科では，鉛筆と赤青鉛筆，定規は必ず出しておくといった基本的なことです。ここで，筆箱は出さずに机のなかにしまうことも教えます。出してあると机の上のスペースが狭くなり，授業中に「筆箱爆弾」が床で爆発して集中力が中断されるからと説明します。

　実はそうしないと，筆箱の中身が無制限に増え，異常に膨らむからという裏のねらいもあります。机のなかにしまう前提であれば，余計な色ペンを入れたり無駄に大きいマスコットをつけたりできなくなります。「余計なものは持ってこない」という学校の基本的なルール指導とつながります。

❹ 帰りの会の流れ

　ここでは最低限の連絡だけにし，余計な活動は入れない方がよいでしょう。シンプルに，忘れ物なく落ち着いて早く帰れる仕組みにして，帰りの支度を素早くできるよう指導します。

　この「支度さえ早くして着席すれば，早く帰れる」というのを自覚させることがポイントです。帰りが遅くなるのは，帰りの会のはじまりが遅くなるからに他なりません。つまり，帰りの時刻は，自分たちでコントロールできると言い換えられます。逆に，おしゃべりしたりふざけたりして支度もだらだらと終わらせない人が多くいると，帰りの時刻がどんどん遅くなるということでもあります。いつでも選択肢は明確に示されており，決定権は自分たちにある。これをきちんと伝えておくことが大切です。

学級開き

3日目

松尾　英明

⭐ 3日目にすること

❶ 掃除当番の指導
❷ 給食当番の指導
❸ 係活動の事前指導
❹ 専科授業開始にあたっての事前指導

　3日目は，学級の仕組みを整えていきます。当面必要になるのが，給食当番と掃除当番です。これは最優先で示します。掃除は誰がどこを担当し，各場所はどのように掃除すればいいのか。給食はどういうルールで，どのように配膳し，当番は誰がどこを担当するのか。基本的には，子どもたちが昨年度までに慣れているやり方がよいでしょう。事前に前年度の各学級担任に確認をしておきます。学校（あるいは学年）統一されている場合はそのまま，いくつかの学級でやり方が違う場合は，担任としてよいと思えるやり方を示せばよいでしょう。

　基本的に当番というのはあくまで必要だから全員やらねばならないことなので，子どもの希望を細かく聞く必要はありません。学級経営を進めるなかで，これらを当番ではない形にしていきたい場合は，そのようにしていくのもよいでしょう。いずれにせよ，最初の枠組を示すことが大切です。

　これに加えて，専科を含めた各教科での授業開きも順次行われるという流れです。

⭐ 3日目の流れ

❶ 掃除当番の指導

　掃除についての指導は，学活等で一時間分をとってなるべく具体的に行います。5年生になると校内の清掃分担場所が増え，新しい道具の使い方をはじめ，掃除の仕方がわからないことも多いからです。掃除場所へ子どもたちと一緒に実際に行って，何をどのように行うか教えて確かめる時間をとりましょう。

教室掃除についても，意外と各学級でやり方がバラバラだったりします。ほうきで掃く方向や机の運び方や位置まで，ていねいに確認をしながら行いましょう。

　何より大切なのが，掃除用具の扱いです。自在ぼうきの先端についた埃は毛くしで落としてからしまう，用具が傷んだり紛失したりしないよう，決められた場所に吊るす，雑巾は広げて洗濯バサミでとめるなどといった細かなことです。視覚的にわかるよう，理想的な状態を右の写真のように撮っておき，それを掃除用具箱の扉の内側などの見やすい場所へ貼っておくとよいでしょう。「きちんと」を具体的に指導しましょう。

　どんな指導も，後から変更をすると不満が出ることが多々ありますが，最初に指導してあれば「そういうものだ」と素直に入ります。何事も，最初が肝心です。

❷ 給食当番の指導

　給食当番の指導についても，子どもたちが慣れている昨年度までのやり方をなるべく踏襲しつつ，調整が必要な部分はこちらがはっきりと示しましょう。これも，例えばおかわりの仕方など，各学級で微妙にやり方が異なっていることが多いため，子どもに完全に任せてしまうと無駄な混乱を招きます。子どもの主体性を尊重するからこそ，学級担任はリーダーとして責任をとることや決定するといった重要な役目から逃げない自覚が大切です。

❸ 係活動の事前指導

　学級の係活動（特別活動の視点から厳密に言えば，実際は係ではなく当番）については，この日にどんな係が必要か，アイデアを出すだけの時間をとります。また，大体でいいので人数を割り振っておきましょう。そのうえで，「明日の学活の時間に決めるので，どれをやりたいか候補を三つ以上考えておきましょう」と投げ掛けておきます。出たアイデアはタブレット端末で撮るなどして記録しておきます。

❹ 専科授業開始にあたっての事前指導

　専科担当の先生と事前によく打ち合わせをしておき，子どもに伝えておきましょう。専科の先生に無駄な負担を増やさないことが，学級全体にとっての安心と安定につながります。

学級開き

4日目

松尾　英明

⭐ 4日目にすること
❶ 一人一当番決め
❷ いじめの予防と学級目標づくり

　ここまでに学級の基本的な仕組みはできましたので，ここからはやがて自分たちで学級をつくっていくことを見越して指導していきます。当番活動はその基盤となります。
　また，学級の仕組みや担任に対してはとりあえず安心できていても，仲間に対してはまだ不安があるいう子どもがいます。4日目は，ここを変えていきましょう。

⭐ 4日目の流れ

❶ 一人一当番決め
　3日目に提示した当番の候補のなかから，それぞれ希望するものを出して決めていきます。色々なやり方がありますが，ここではネームプレートを用いた方法を紹介します。
1　黒板に当番名と人数（仮でよい）を書く
2　希望する当番名の下にネームプレートを貼る
3　移動を希望する場合のみ，ネームプレートを貼り直す
4　人数が多すぎる場合はじゃんけん
　コツは，3と4の手順が後にあることを示したうえではじめることです。つまり，移動を前提にとりあえず2で貼るということです。また，3は必要に応じて適宜繰り返していいです。
　4が最後にあると先に知ることで，移動が促されます。高倍率の第一希望を無理に目指すよりも，たまたま空いている第二，第三希望を選ぶ方が確率的に考えて妥当で幸せということも指導します。第二希望以降であっても自分で選んだ場合と，まったく希望していない当番に仕方なしになる場合では，モチベーションが変わるからです。
　また，当番というのは本質的に自分がやりたいものをやるのではなく，自分を人の役に立て

るためにやることであり，仕事の心構えと同じであるという話もします（仮に希望した職種や会社に就いたとしても，希望する仕事や部署へ割りふられるとは限らないですよね）。

さらに，そこまで覚悟してじゃんけんという賭けに出た場合，負けても絶対に文句や泣き言はなしということも事前に指導します。これで，じゃんけんはかなり少なくなります。なるべく希望はとりつつ，何より自分に責任をもって決めるということを目指しましょう。

❷ いじめの予防と学級目標づくり

学級目標は，必ずしもつくらねばならないものではありません。しかし，学級目標があることで，方向性が見えるというメリットがあります。個々の自我が強く全面に出るようになる高学年においては，集団が「なんのために」という意識をもった方が，学校生活全般がスムーズにいきやすいです。

以下に紹介するのは，私が以前原田隆史先生主催の「東京教師塾」で学んだメソッドです。

学級目標作成の資料づくりにあたり，「理想の学級」と「嫌な学級」についてのアンケートをとります。「誰が書いたかわからないように，先生が全部打ち込んで印刷して配る」という約束を事前にして，家で書いてくるよう指示します。タブレットで記入して送信させてもいいでしょう。そして右のようにすべての意見を集約した紙を配り，さらにキーワードを絞って学級目標としてまとめていきます。

これをすることで，前年度までの嫌な思いを吐き出す場をつくるとともに，これまで不適切な行動をとってきた子どもに反省を促す効果があるので，おすすめです。

学級開き

5日目

松尾　英明

5日目にすること

❶ 係活動についての話し合い
❷ 委員会・学級委員長・クラブの決定
❸ これまでのルール等のチェックシステムをつくる

　このあたりで，学級を進めていくうえでのシステムが一通り完成することを目指します。具体的には，「黄金の三日間」という言葉を提唱し教育界に広めた向山洋一氏の言う「教師が一週間休んでも子供たちが快適な学校生活を送っている」状態を思い描くようにします。

　この5日目ぐらいまでに，一年間通して必要な指導だけは一通り済ませるつもりでいきましょう。これ以降も，これまでの指導の確認と反復で，定着を図っていきます。一度言ってできるぐらいなら何も苦労がないと心得て，ここまでの指導を根気よく繰り返していきましょう。

5日目の流れ

❶ 係活動についての話し合い

　学級に必要な当番とは別に「係」を決めることを伝えます。こちらは，「新聞係」や「イベント係」のような特に創造的な活動です。学級を楽しくするようなアイデアを提案し，それをやりたい子ども同士が集まって実行していきます。

　まずは話し合いをして，どんな係をやってみたいかアイデア出しをしていきます。前年度までに経験がある場合はどんどん出てきますが，初めて取り組むという場合はこちらからある程度例を挙げていくとよいでしょう。また，係を「会社」という呼び名にすることで，発想が広がるという面があります。参考までに係（会社）の例をいくつか挙げてみます。

- 毎週新聞（週1ペースで，学級のニュースを記事にする）
- レイザップ（朝の会で前に立ち，ストレッチや筋トレを行う。腕相撲大会等も主催）

- ピカ金チャンネル（自分たちで動画を撮って編集し，給食等の時間に流す）
- いりゅーじょん（マジックを休み時間等に披露したり教えたりする）
- 昔遊び名人（コマ回しやけん玉等を教えたり大会を企画したりする）

　名称からもお察しの通り，今ある企業名やその事業内容を真似したものが多々出ます。それらを学級レベルで無理なくやればいいのです。

　ただし係活動は，まだ学級が慌ただしくて時間がなければ，焦って決めずとも大丈夫です。その場合，学級がある程度軌道に乗ってからでよいでしょう。楽しくやるのが大切です。

❷ 委員会・学級委員長・クラブの決定

　初めての委員会活動選びですので，各委員会の活動内容については，決める日よりも前に伝えておくとよいでしょう。指導の詳細については「第3章　4月」（p.090）をご覧ください。

　補足ですが委員会と関連して，早い段階で「学級委員長」を決める必要があります。各委員会の委員長とは別に，代表委員会への出席が各学級代表に求められるからです。5年生が委員会の委員長になることは基本的にないので，早めに決めておいて大丈夫です。

　クラブ活動については，後で人数調整が入るので事前に用紙で希望だけをとっておきます。

　とにかく，これら学校全体にかかわることについては，早め早めに行っておきましょう。

❸ これまでのルール等のチェックシステムをつくる

　この5日間で様々な指導をしてきましたが，これらを定着させるためには，必ずチェックシステムが必要です。それは別に懲らしめたり罰したりするためではなく，人は単純に言われたことを忘れるからです。定期的なチェックが入ることで活動が定着し，活発化するからです。

　例えば，授業開始時刻に準備ができていない子どもがいたとします。そこで，「準備をしてから休み時間に入る」をルール化したり，授業終わりの時点でしばらくは毎回次の準備の指導をしたりします。班の仲間同士で互いに声を掛け合うという確認をする程度の仕組みでもいいでしょう。とにかく，定着するまでは手を変え品を変え，何かしらの手を打ち続けます。

　当番の仕事忘れに関しては，マグネットを裏返すなど，誰が見ても視覚的にわかるチェック表を用いる方法があります。これも，必要に応じて作っても，なくしていっても構いません。

　係（会社）活動については，週1回程度，学活や帰りの会等で，リーダーが簡単な活動報告をするという方法があります。

　とにかく，仕組みやルールがクラス全体に定着するまでは，かなり長い時間と根気強い指導が必要です。その過程すらも楽しんで，クラスの成長を見守っていきましょう。

【参考文献】
- 向山洋一著『学級を組織する法則』明治図書

授業開きとは

松尾　英明

⭐ 授業開きは各教科との「出合い」の時間

　授業開きは，子どもたちと５年生の各教科との「出合い」の場です。人間関係であっても他の物事であっても，第一印象というのは非常に大切です。
　最初の印象が悪いと，その後ずっとそれを引きずる可能性があります。逆に，第一印象がよければ，その後もずっと興味をもっていく可能性が高まります。
　そういう面からも，学級開きのときと同様，各教科の授業開きを工夫することには，その労力以上の大きな意味があります。万全の準備をして臨みましょう。

⭐ 大切なのはインパクト以上に中身

　「子どもが興味をもつ授業開きを！」と考えると，得てしてインパクト重視になりがちです。しかし大切なのは，その一回を楽しませることではなく，継続的に学び続けようという基本姿勢をつくることです。手段の方ではなく，あくまでその目的の方を意識しましょう。
　あえて他学年を例に，６年生の社会科，歴史の授業開きの場合で説明します。授業開きで「命のバトン」「国づくりのバトン」という指導をします。自分の命が先祖から脈々と続いていて，その国づくりのリレーが今につながっているという内容を扱います。これだけ見ると直接歴史の学習には関係ないようですが，これによって歴史を学ぶ本質的な意味である「先祖に対する感謝の気持ちをもつ」「国づくりのバトンを受け継ぎ，自分の番に生かす」という大きな柱を通すことができます。さらに，国づくりの仕組みである公民科への興味を引き出すことにも活用できます。この例のように，初手のインパクトがそのまま一年間の学びのモチベーションにつながるような授業業開きが，最も望ましい形です。
　この章での各教科の授業開き実践では，その点についてもよくよく考えてあります。そのまま追実践をしても構いませんし，アレンジをしても大丈夫ですので，ぜひ活用してください。

授業開きは学びへの希望と謙虚さをもたせて

　さて，算数科や体育科のように，１年生からずっとある教科については最初から「嫌い！」となっている子どもが少なからずいます。なかでも「できない」という経験がその主要因です。逆に，その教科は大得意，塾で先行学習していて簡単すぎると高を括っている子どももいます。
　これら両方の子どもを「救ってあげる」のも授業開きの大きな役割の一つです。要するに，自分はできないと思い込んでいる子どもができて，逆にできると思って謙虚さを失っている子どもができないという状況をつくるのです。これらは大森修氏によって「逆転現象」という言葉で表現されています。どちらにとっても学びのモチベーションが高まります。
　授業開きを，学びに対する希望と謙虚さをもたせる機会にできたら最高です。

 授業開きは各教科の基本姿勢の指導チャンス

　当然ですが，算数科と体育科の授業開始の準備は，何もかもが違います。算数科の授業で毎回着替えてグラウンドに集合することはないですし，体育科の授業で席に座って教科書とノートを広げることはないでしょう。学習の進め方も同様です。それぞれの基本の型が違います。
　できればこの一回目に，そういった基本的な準備や学習ルールも指導してしまいます。ここまで再三述べてきた通り，授業開きはその後一年間がスムーズに進むことを重視しましょう。

 専科や交換授業の場合は特に入念な準備とていねいな指導を

　高学年では教科の増加に伴って，担任以外の専科教員が教えることが多くなります。また，担任間での交換授業を行う学校も多いでしょう。このように担任以外の立場として授業開きを行う場合，指導する内容が増えます。
　例えば，音楽科のように教室移動があれば，いつまでに入って，どのような座席配置にするのか，基本の持ち物はなんなのかといったことです。初対面の子どもたちは当然わかりませんから，このあたりについても一学級ずつ「学級開き」のつもりで授業開きをします。
　絶対にしてはいけないのは，「なぜ５年生でこれくらいもわからないのか」という姿勢や，歴代の学級やよくできる他学級と比較する姿勢です。人間関係がゼロの初手でこれをしてしまうと，一年間を棒にふります。すべてわからない前提で，努めてていねいに指導しましょう。
　教科に関する内容以外の面も指導するつもりで，入念に準備して臨みましょう

【参考文献】
● 齋藤武夫著『授業づくりJAPANの日本が好きになる！歴史全授業』授業づくりJAPANさいたま
● 大森修著『授業で逆転現象を仕掛ける』明治図書

授業開き

国語
ていねいな字を書かせ，大きな声を出させる学びのベースづくり

中村　健一

⭐ ポイント

❶ ていねいな字を書かせる

「字は体を表す」という言葉があります。「字は書いた人の性格が出る」という意味です。子どもたちには，何事もていねいにさせたいもの。となれば，まずは字をていねいに書かせることからスタートです。国語科は，書写を指導する教科。国語科を中心に，ていねいな字を書かせましょう。

❷ 大きな声を出させる

荒れている学級の子どもたちの声は小さいものです。荒れを防止し，よい学級をつくるためには，子どもたちの声を大きくすることが必須。国語科は，「話すこと・聞くこと」の領域をもつ教科です。国語科を中心に，子どもたちの声を大きくしましょう。

⭐ 教科書とノートに名前を書かせる

授業の最初，「字は体を表す」について説明します。そして，次のように言います。
「小さな人間にならないためにも，大きな字を書きなさい。そして，いい加減な人間にならないように，ていねいな字を書きなさい。まずは，親からもらった大切な名前を大きくていねいに書くことからはじめましょう。」
そして，教科書に名前を書かせます。そのためにも，保護者には教科書に名前を書かないようにお願いしておきます。学級通信でお願いすることが多いですね。
教科書に名前を書いた子から立ちます。全員が立った列から教師がチェック。大きくていねいに名前を書いていれば合格。座らせます。
小さな名前，雑な名前は，やり直しです。修正液を使って，書き直させます。やり直しをさせることは，書かせる前に子どもたちに伝えておきます。
次に，ノートを配り，同じようにします。漢字ドリルや漢字ノート，作文帳も同様です。

ノートは必ず集めてチェック

　授業後，ノートは必ず集めます。そして，教師が必ずチェックします。私は，国語科に限らず，すべての授業後にノートを集めています。しかし，チェックは，そんなに大変なことではありません。やるべきことをやって，ていねいに書いてあれば，合格。スタンプを押します。やるべきことをやっていなかったり，ていねいに書いていなかったりすれば，当然，やり直しです。
　「これ，やってないから，やり直し」「ていねいに書いていないから，やり直し」と，冷静に言うだけです。叱ることもありません。淡々と，やり直しを命じるだけ。
　不十分なノートはやり直し，これを子どもたちに「当たり前」だと思わせましょう。

 ## スピード一斉音読

　国語科の教科書には，最初に詩が載っていることが多いと思います。まずは，その詩を一斉音読させます。一斉音読のポイントは，次の三つ。
　一つ目は，声をそろえさせることです。ちょっとのズレも許しません。お互いの声を意識して，ピッタリとそろえさせます。
　二つ目は，大きな声を出させることです。小さな弱い声ではダメ。遠くに届くような張りのある大きな声を出させます。
　三つ目は，スピードを速くすることです。今時の子どもたちは，スピードの遅いものが苦手。そこで，スピードアップです。鍛えると，かなりの速さでも，声をそろえて音読できます。
　声をそろえて音読するのは，気持ちのよいものです。子どもたちは，「快」の状態が好きですからね。テンポを上げてリズムに乗せると，さらに「快」。声がどんどん大きくなります。
　「君たちは，音読が上手！　声が大きくて，いい！」
と褒めまくれば，さらに声が大きくなっていきます。

 ## どこまで聞こえる？音読

　子どもたちの声がものすごく大きくなったら，「どこまで聞こえる？音読」のチャンスです。
「君たちの音読は，大きくて本当に素敵だね！　君たちの音読がどこまで聞こえるか調べてくるから，音読を続けてね。」
　教師はこう言って，教室を出ます。大きな学校なら，どこまで音読が聞こえるか，校舎内を調べます。小さな学校なら，運動場に出ることもありますね。そして，教師は，教室に戻り，
「君たちの素敵な音読が1階の1年生の教室まで聞こえていたよ！」
と嬉しそうに報告します。子どもたちは大喜び。ますます大きな声で音読するようになります。

授業開き

社会

ミクロの目，マクロの目で日本を見てみよう

古舘　良純

⭐ ポイント

❶ 日本という国に関心をもつ

　これまで，子どもたちは「わたしたちの住む県」や「まちづくり」について知見を深めてきました。次のステップとして大きく日本という国を扱っていくことを確認します。

❷ 知ることは楽しい

　例えば，世界の国旗クイズ，地球儀の線の意味，時差，国土について知ることは楽しいことです。あっと驚く知的な授業を展開してみましょう。

❸ 想像することで広げる

　国旗に込められた願い，生産者の思い，地域に住む人々の工夫など，教科書に載っている内容からさらに深い部分へ想像力を働かせるようにしましょう。

⭐ 5円玉に込められた願い

　ここ数年，渡辺道治氏のオムニバス授業を参考に社会科の授業開きを展開しています。

　5円玉の写真を提示して授業をスタートします。そして，「気づくことを書きましょう」と指示を出し，数分間箇条書きで書かせます。

　その後，子どもたちに発言させ，出てきた意見をそれぞれ分類します。大きく，「稲穂」の部分，「水面」の部分，「歯車」の部分に着目した意見が出されます。

　ある程度意見が出きったら，「■業」「■業」「■■業」と提示し，「空欄を埋めてみましょう」と指示を出します。

　これもまた，ある程度書けた段階で交流させます。「農業」「工業」「水産業」と正解がある問いのため，発表させるよりも交流させた方が安心した雰囲気で学べます。授業開きですから，「間違う」可能性を排除し，「相談し合う」雰囲気を大切にしましょう。

そこで、「5年生で学習する内容」を目次で確認します。農業，工業，水産業にあてはまる部分を確かめながら，世界とのつながり，世界のなかの日本について学んでいくことをつかませます。マクロとしては「日本という国の世界に対する位置づけ」を学び，ミクロとしては「生産者の願いやその地に住む人々の願い」を知る，というオリエンテーションの時間にします。

⭐ 重要だと思う順に並べましょう

　先述した「5円玉」の授業を受けて展開しても構いませんし，農業，工業，水産業を学ぶことを伝えたうえで導入しても構いません。
　まず，黒板に「農業」「工業」「水産業」と書きます。
　次に，「あなたが，日本にとって重要だと思う順に並べ替えましょう」と指示を出します。
　子どもたちは，思い思いにそれぞれの産業を順番に並び替えると思います。ある程度決まった段階で，意思表示をさせていきます。
　「一番に選んだ産業のところに，自分のネームプレートを貼りましょう」と指示を出し，子どもたちを黒板に集めます。私は自画像を使うことが多いのですが，授業開きのタイミングであればネームプレートでも大丈夫です。場合によっては，自分の名前を書かせてもよいでしょう。
　黒板上に意思表示ができた段階で，子どもたちに「なぜそれを選びましたか」と尋ねます。そして，ノートに理由を書かせます。このとき，「〜だからです」と端的に理由を書かせるようにします。数名の子に発表してもらい，理由のつくり方や例を示すことで，難しかった子も理由を書くように促していきます。
　最初は，自分のなかにある答えだけで理由をつくっていきますが，教科書の内容を引用して答えるようにさせていくとよいでしょう。例えば，「農業が重要です。米の消費量が減っていると書いてあるからです」のように，教科書の言葉を受け，その重要性を感じられる理由になります。立場＋根拠にして発言させるようにします。
　そうして，子どもたちが教科書をめくりながら一年かけて学ぶ内容にざっくりと目を通していく時間を確保します。
　また，「それぞれのグループで集まって考えましょう」と指示を出し，ネームプレートごとの集まりをつくったり，「違う立場の人と話してみましょう」と言って意見をぶつけ合わせたりすると，社会科の授業の楽しさに触れながらも知的な時間が流れていきます。

【参考文献】
- 向山洋一他編『第3期教育技術の法則化28　社会科教材の授業技術』p.47　大河内義雄論文「五円玉で社会科の勉強」明治図書

授業開き

算数
教師と子どもで大切にしたいことを共有

髙橋 朋彦

⭐ ポイント

❶ 授業で大切にしたいことを共有する

　みなさんは，教師として授業でどんなことを大切にしたいでしょうか？　子どもはどんな授業をしたいと考えているのでしょうか？　教師が大切にしたいことと子どもが大切にしたいことを一つ一つ確認しながら共有していきます。

❷ 授業で大切にしたいことを授業で実践する

　教師と子どもで大切にしたいことを共有しながら授業で実践します。学習規律や話し合い活動，発表など，教師と子どもで共有して授業で大切にしたいことを楽しみながら実践していきます。

❸ 教師が誰よりも楽しもう！

　子どもに「授業が楽しい！」「授業がわかった！」と言ってもらうためには，「教師が一番授業を楽しんでいること」が大切です。教師が授業を楽しいと感じられるように授業準備をしたり，子どもとのやりとりを楽しもうとしたりすれば，効果てきめんです。

⭐ 教師と子どもで想いを共有する

　みなさんは，どんな授業をしたいと考えているでしょうか？　生き生きと発表している授業でしょうか？　真剣に話を聞いている授業でしょうか？　友達と力を合わせている授業でしょうか？　教師によってしたい授業もそれを実現させる方法も変わってくるはずです。

　算数科は，授業の流れがある程度決まっていて，正解がはっきりしている教科です。だからこそ，皆さんの実現させたい授業を実現させやすい教科と考えています。私は，授業開きに特別な授業をしません。教科書を使ったいつも通りの授業をしながら実現させたい授業を子どもたちと共有するようにしています。

「先生には理想の授業があります。例えばね〜」と言って，私の想いを伝えるようにしています。また「みんなはさ，どんな授業にしていきたいって考えているの？」と，子どもの気持ちや考えを聞きながら，教師と子どもでしたい授業を共有します。授業は教師だけでも子どもだけでもつくることができません。授業開きでは，教師と子どもでつくりたい授業を共有しながら進めていきます。

 ## 共有した授業を実践する！

　共有した授業の姿を実践している子を探しながら授業をしていきます。一生懸命に話を聞いている授業ならば，「○○さん，目を合わせて真剣に話を聞いてくれているね！　ありがとう」「△△くんの発表に向かう姿，素敵だなぁ」「□□くんのおかげで，みんなが実現したい楽しい授業につながっているなぁ！　嬉しいなぁ」のように，ポジティブな声掛けをしていきます。

　このようなポジティブな声掛けをするためには，子どもたちが実践できるように意図的に指示をしていく必要があります。特別な指示でなくても構いません。「話を聞きましょう」「発表できる人？」「笑顔で授業をしよう」など，共有した授業像を子どもが意識できるような指示をしていきます。大切なことは，指示を聞いて実践してくれた子を見つけ，ポジティブな声掛けをすることです。ポジティブな声掛けをすることで，その子が意識できるようになるだけでなく，学級全体に共有した授業を広げていくことができます。

教師が誰よりも楽しむ！

　共有した授業を効果的に実践するためには，教師が誰よりも授業を楽しむことが大切です。教師が楽しむために，どのような授業をすればよいでしょうか？　私の場合は，教科書を使った普通の授業をするようにしています。普通の授業だからこそ，教師と子どもと想いを共有しながら実践し，教師が楽しみながら授業をすることで，子どもに「勉強が楽しい！」と思ってもらえるからです。教師が楽しむためには，教材研究が欠かせません。教材研究をすることによって，教師自身がその学習の楽しさがわかったり，どうしたら子どもに喜んでもらえるか考え，わくわくしたりするからです。教材研究は，子どものためだけでなく，教師のためにもとても大切なものだと考えます。

　今回ご紹介したのは，教科書を使った授業開きですが，どこかで学んだトピック的な授業をするのもよいでしょう。自分の得意な授業で，教師と子どもで想いを共有しながら初めての授業を楽しむことを大切にしています。

【参考文献】
● 髙橋朋彦著『図解　見るだけでポイント早わかり　算数授業研究』明治図書

授業開き

理科
本格的理科授業の幕開け

中條　佳記

⭐ ポイント

❶ 系統を意識する

　3年生からスタートして4年生を経て，今があります。これまでに学んできたことを振り返る時間を大切にしましょう。子どもたちに「どんなことを学習してきましたか」と問い掛けると，積極的に伝えようとしてくれます。「おー，そんなことも知っているのですね」「わー，そんなこともしてきたんだぁ」とフィードバックすることで，子どもたちは（あ，この先生，わかってくれている。私たちが勉強してきたことを認めてもらえるんだ）という安心感から，もっと理科が好きになるかもしれません。さらに，【生き物】【地球】【エネルギー】【物質】と実は分野が分かれていることを説明してもよいでしょう。

❷ 命を学ぶ

　他学年でも，命につながるものやことを扱ってきていますが，特に5年生の理科では，生物の命にかかわる学びをします。動物，植物ともに，種の繁栄を本能的に，次世代へと命をつないでいく，いわば使命のようなことが自然界で行われていることを意識させながら，学習を進めるとよいでしょう。

❸ 常に？をもち続け，考え続けよう

　子どもたちの身の回りには，星の数ほどの？，つまりわからないことがたくさんあります。しかし，残念ながら，その？に気づき，立ち止まり，考えながら，仲間と交流し，検証していくプロセスを構築できていないかもしれません。そのための気づきや手立てを子どもたちに伝えていってみてはいかがでしょうか。すると，子どもたちの人生もより豊かに，幸せな時間を送れるのではないでしょうか。理科の授業開きがそのきっかけとなるよう，ポイントの最後に挙げておきます。

これで理科がもっと好きになる「挨拶」実験

　子どもたちがどんなことに興味や関心があるのか，わからない状態から授業をはじめていきます。5年生の理科がはじまることに，これからどんな授業が進んでいくのかというわくわく感や期待感を大きく抱く子どもがいれば，一方で，これまでとそんなには変わらないだろうといういわば失望感のようなあきらめを感じている子どももいるかもしれません。そこで，「挨拶」実験を実施します。どんな実験でも効果ありです。「今日はこれから実験をします！」と宣言すると，子どもたちのテンションはきっと上がることでしょう。

 ## え？どうして？と驚きの連続実験

〈こんな焼きそば，いかがですか？〉かん水麺にカレー粉やウスターソースをかけていくと，みるみる色が変わっていきます。
〈ペットボトルの液体の色にご注目！〉ペットボトルにイソジンを混ぜた茶色い水を用意し，蓋の裏にはレモンの粉。激しく振ると，無色透明の水溶液完成。
〈水がなくなる？〉紙コップに吸水性ポリマーを仕込んでおき，先程のペットボトルの水を灌ぐと，紙コップをひっくり返しても水はこぼれない。
　派手な実験を子どもたちの前で披露することで，自ずと（なぜそうなるの？）と疑問に思うはずです。そこから，学びはスタートしてもよいのではないでしょうか。もちろん，一時間の授業のめあてを確認し，教科書どおりに学習を進めるのもよいでしょう。しかし，一年間百数時間の最初の授業です。おもしろ実験，ぜひやりましょう。

 ## つい教えたくなってしまう理科の裏話

　「地球上で，歯が磁石にくっつく生物がいる。○か×か？」と問います。「正解は○。ヒザラガイという軟体動物。つまり，貝じゃないんだけど，8枚の殻に覆われたヒザラガイには，歯舌があります。その歯舌の歯冠部に磁鉄鉱と呼ばれるものがついていて，磁石にくっつきます。皆さんの歯は，磁石にくっつくかな？」という説明をします。実物の歯舌を用意しておき，子どもたちに見せてもよいでしょう。
　「沖縄に雪が降ったことがある。○か×か？」と問います。「正解は○。観測史上，みぞれが二度降ったことがあります。1977年に久米島で初観測，2016年に沖縄本島で観測されました」と説明します。
　このように，5年生の理科学習にまつわるクイズを準備しておくと，子どもたちの学習に向かう興味関心も高まります。

授業開き

音楽
みんなで楽しい50時間を

前波恵美子

 ポイント

❶ ゆずれないことを伝える

　週に１時間か２時間しかない貴重な時間を，毎度注意に追われないように，授業開きの日に絶対にゆずれないことを伝えます。私の場合は，「人に迷惑をかけない（人の時間を奪わない）こと」です。自分がしないのは自分の責任ですが，「やりたくない」気持ちをおしゃべりにのせて，他の子どもの活動を妨害することだけはゆるさないと伝えます。次回以降，先生が叱るのはその一点だけだと理解させておくと，おおかた子どもも納得して注意を受け入れることができます。

❷ 楽しそうと思わせる

　専科の場合は，前年と担当者が同じだとしても，新しい教科書を楽しそうに開いて「新しい一年がはじまる」期待をもたせます。年間の見通しももたせます。行事で５年生が活躍する場面をいくつか挙げます。異学年交流で，３年生にリコーダーを教えてほしいことや卒業式で演奏することなどを伝えると，リコーダーが苦手な子どももはりきって取り組むことができるでしょう。

❸ やってみたい・できそうと思わせる

　学年が一つ上がったからといって，急に難しいことを要求するとせっかくリセットしたやる気も下がってしまいます。最初の一時間，二時間は復習も兼ねて，取り組みやすくてかっこいい曲を選択します。例えば，「花笛」というリコーダー曲は，１パートは初見で吹くことができます。２パートは少し難しいですが，「好きな方を選んでいいよ」と言っておくと，自信のない子は，気兼ねなく易しい方のパートを選び，参加することができます。デジタル版の伴奏はかっこいいので，簡単そうな曲でも達成感が UP しておすすめです。

⭐ 楽しい常時活動を

3年生から6年生まで共通していますが，授業の最初は誰もが参加しやすい活動を取り入れましょう。例えば，流行りのポップスをかけながら，右肩左肩を交互にげんこつで八回・八回・四回・四回・二回・二回・一回・一回と叩き，最後は手拍子でパンとみんなでそろえて打ちます。拍感を捉えることにつながります。これから毎回取り組んでいくことを伝えます。慣れてくると速い曲でも最後の「パン」のタイミングがそろうようになります。

⭐ 一年の見通しを立てる

真新しい教科書をていねいに開けさせます。一年の最初のフレッシュな気持ちのときにしかできないことです。目次のページを開いて，「一年かけてどんな学習をするのか？」「何が楽しみ？」など，なるべく多くの子が発言する機会をつくりましょう。もち上がりの5年生でしたら，「昨年はこんなことをした」「あの曲を歌った。合奏した」「あの曲が好きだった」と昨年の振り返りをするのもよいでしょう。

⭐ 最後は楽しく締めくくる

終わりよければすべてよし。授業開きの1時間目は楽しく締めくくりましょう。筑波大学附属小学校の髙倉弘光先生の実践である「3時のおやつ」のゲームはおすすめです。オルガンでリズム伴奏を流しておきます。全員が立ち，「3時のおやつは？」の掛け声のあとに，前に出た人が，アイスクリーム，シュークリーム，チーズケーキの三つのポーズのうちのどれかを出します。拍に合わせてテンポよく！がポイントです。他の人も同様にどれかのポーズを出し，前に出てきた人と同じポーズになると負けなので座ります。最後の二〜三人が決まるまで続けます。音楽の得意な子どもも苦手な子どもも一つにまとまって大騒ぎです。「次の時間が楽しみだな」「今年一年がんばれそう」と思ってもらえたら授業開きは大成功です。

アイスクリーム　シュークリーム　チーズケーキ

【参考文献】
● 髙倉弘光著『こども・からだ・おんがく　髙倉先生の授業研究ノート』音楽之友社

授業開き

図画工作
タブレット端末を活用した「新しい視点」との出会い

中村 路佳

 ポイント ～オリエンテーションで押さえておきたいこと～

❶ 図工室の使い方

　図工室を使用する場合，座席，持ち物・忘れ物の確認，準備・片づけの仕方など，特別教室を使うときのルールを確認します。特別教室は「来たときよりもきれいにする」です。

❷ 5年生で学ぶこと

　5年生になって何を学ぶのか，一年間の学習の見通しをもたせます。また，初めて電動糸のこぎりを使う題材もあるので，用具についても触れておきます。

❸ 図画工作科で大切にしたいこと

　大切にしたいことを三つのポイントに絞ります。例えば，①「作品は自分自身」自分や友達の作品を大切にしよう，②「自分だったらこうする」自分の力で考えて表そう，③「失敗を恐れない」いろいろなことに挑戦する勇気をもとう……などを最初に押さえておきましょう。

 「視点」を変えるとは？ ～タブレット端末を活用して～

　高学年のはじめに，様々な「視点」をもつことを押さえておくと，物事を考えるときに少しずつ意識するようになります。ほんの少し「視点」を変えることで，見方や見え方，感じ方が変わるということ，「新しい視点」との出会いを授業開きで行います。

〈授業の流れ〉
①同じ場所を違う角度・高さ・距離で撮影した写真を見せる。
②どういう見方をすれば，場所やものが変わって見えるのか，子どもたちに投げ掛ける。
③「角度・高さ・距離」などのキーワードを押さえたうえで，心惹かれる場所やものをタブレット端末で撮影することを伝え，活動に入る。

フォト・コラージュ 〜視点を切り取る〜

〈授業の流れ〉
①撮影してきた写真（画像）のそれぞれの見方や感じ方，形・色のおもしろさがあるということを押さえる。
②写真（画像）の「いいな」「おもしろいな」と思うところを画面切り取りし，配置などを考えて構成する。
③写真（画像）を画面切り取り（shift＋windowsキー＋S）
　➡ワードに貼りつけ（Ctrl＋V）➡画像のコピー（Ctrl＋C）

〈ポイント〉「視点」を切り取って組み合わせると，新しい世界（見え方）に変わるということを押さえる。

アート・フォト 〜色彩の変化を感じる〜

　カラーセロハンを使って，普段，見ているものの色彩が変わるとき，どんな見方や感じ方が生まれるのか，様々な変化を楽しみながら取り組める題材です。

〈授業の流れ〉
①ラミネート加工したカラーセロハン（赤・青・緑・黄など）を事前に用意する。
②①をタブレット端末につけて心惹かれる場所や「きれい」と思った瞬間を撮影する。
③①を重ねる工夫など，試すなかで見つけた色彩の美しさやおもしろさを共有する。
④見たときの印象を作品名に表し，お互いの作品を見合う（色・撮り方の工夫など）。

〈ポイント〉　日常の見方が変わると，新たな発見や喜びが生まれることを押さえる。

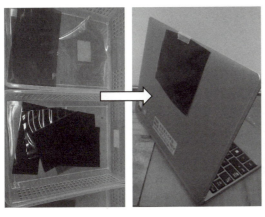 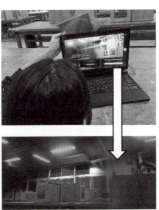 

①ラミネートしたカラーセロハン　②タブレットにカラーセロハンをつける　③色を重ねるなど撮り方を工夫して撮影　④カラー印刷した写真を台紙に貼った作品

授業開き

家庭

問い返し，話し合うことで見える学ぶ必要性

佐藤　翔

 ポイント

❶ 過去・現在の自分をみつめ，未来への見通しをもたせる

　家庭科の最初の授業は，原則「ガイダンスの内容」の授業をすることになっています。ガイダンスとは，新しい教科の家庭科の説明であるとともに，自分の成長をふり返り，また家庭科を通して中学3年生までどのような成長をするのか，家庭のなかの一員としてどのような存在になりたいかを自覚する内容となります。実践への意欲をもたせるきっかけにしたいものです。

❷「技能習得」から「生活をよりよく」するものへ転換する

　事前に子どもたちに家庭科のイメージについてアンケートをとると，ほとんどの子が「調理をする」「栄養について学ぶ」「縫い物を学ぶ」などの実習を通した技能に関することを答えます。確かに技能は大事ですが，「家庭の一員として自覚し，生活をよりよくしようとする」ことが最もねらうところで，教科でありながら生活に直結しているのです。

⭐ 1日目から！？なぜ家庭科を学ぶか問う

　家庭科授業の初日，教科書を開きたくてうずうずしている子もいます。
　そこで，「家庭科は，なぜ必要なのだろう？」と問います。子どもたちは鳩が豆鉄砲を食らったような顔をしますが，「美味しい調理ができるようになるためです」という返答がおそらく返ってくるでしょう。そこから一気に以下のような「問い」の授業のはじまりです。
T：返答ありがとう。そういう反応をくれるとみんなが賢くなるよ。みんなも同じ意見？
C：栄養バランスを学べて健康になれます。ボタンつけもできるようになります。……
T：では，ジョン君に登場してもらいますね。彼の言い分を聞いて，みんななら家庭科の必要性をどう伝える？　周りの人と相談していいので，答えられそうなところから考えてみてね。教科書は考えるためにとても参考になるから，ぜひ読んでみてね。
　以上の流れで，ジョン君の「①家事はやりたい人がやればいい，②家事はお金を払ってサー

ビスでもできる，③その分働いて稼ぐから家事をやる必要はない」という主張を提示し，それに対する答えを記入するワークシートを配付します。

★ 教科書を見て，「なぜ学ぶか」の答えを出す

「物の買い方も学べる」「快適な過ごし方や安全面などは生きるうえで必要」というように，知識・技能的な側面がやはりまず注目されるでしょう。そこで，さらに問い直しをするのです。
T：ジョン君は現在お手伝いさんもいて，親も家事をしていないみたいだよ。それならば彼の言うように，誰かに家事をしてもらったり，食事はコンビニ・スーパーの惣菜，衣服はクリーニング，掃除はロボットに頼ったりする方法もあるよね？

次第に，「家事ができないとモテない」「男女平等な世のなかでは必要だから」という意見や「お金がかかる」「お金で解決できないものが家事にはある」などの「価値」に着目する意見が出てきます。すべての意見を認めたうえで，家庭科を学ぶ意味について教師の思いを語ります。

★ 大事なのは，考え，深めること

T：大人になって，コンビニでご飯を買うのも，親に家事を頼むのも，サービスをお金で買うのもどれも「間違い」ではないし，そうやって生活している人がいるよね。でも，友達と意見を交流していたら，少し考えが変わった人がいたんじゃないかな？　例えば，家事代行は「お金がもったいない」と思っていたけれど，家事を「やってあげたいという気持ちが大事」ということとかね。そういう経験が，家庭科では必要なんだ。正解はないけれども，考えを交流することでよりたくさんの価値を学ぶことができる。
　さて，もう一回あなたの言葉でジョン君に説得を考えてみようか。相手の考えを否定せずに伝えられたらジョン君も考え直すことができるんじゃないかな。

最後に子どもたちに今日の授業について，家庭科の印象がどう変わったか，どういうことを学んだかふり返らせます。「家庭科は，色々と考えることだと思った」など，価値にも重きをおいたふり返りができていれば，子どもたちは，今後の家庭科の授業で知識・技能だけでなく，それをどのように自分の生活に生かすか，自分の課題はなんなのかなど，家庭の一員として生活をよりよくしようとする姿勢が身についていきます。

【参考文献】
● 佐藤翔著『指導スキルから面白アイデアまで　小学校家庭科の授業づくりテキスト』明治図書

授業開き

体育
楽しい集団行動大作戦

河邊　昌之

⭐ ポイント

❶ 集団行動を意識させる

　授業は「集合」からはじまります。集合の仕方を事前に教室で伝えておき，時間内に集合ができたら全員で拍手をしてあたたかい雰囲気をつくります。できなかったらやり直しをさせます。

❷ 持ち物，身だしなみを確認する

　高学年だからこそ，学校のルールを再度確認します。身だしなみが整っている子どもを見本のモデルとして紹介します。全員がその状態になるように声を掛けます。はじめが肝心です。

❸ 活動を多くする

　子どもから人気のある授業だからこそ，子どもの期待に応えられるように，できるだけ説明を少なくし，身体をたくさん動かせる活動を準備しておきます。4月は先生との関係性や新しい友達をつくる大切な時期なので，授業を通してよりよい人間関係が築けるように心掛けます。

⭐ 「集団行動×レク」でルールとマナー大作戦

　体育科の授業開きでは集団行動を行うことが多いですが，そこにレクリエーションの要素も取り入れ，子どもが楽しみながら集団行動も身につけられる内容にします。

❶ 整列ゲーム・バースデーライン

　先頭が1月1日……最後が12月31日になるように1列，2列，3列，4列（縦隊，横隊）に並んだり，円に並んだりします。条件は二つです。「声を出さない」「1分以内に並ぶ」だけなので説明も短く終わることができます。ホワイトボードがあれば，条件と並び方を書いて先生は口で説明せずに，静かな状態で子どもに提示し，集中させるのも一つの方法です。

　縦隊，横隊の並び方を低・中学年で行ってきていなければ簡単に説明し，条件を1分ではな

く2分にするなど臨機応変に行います。子どもは身振り手振りを使いながら協力して並びます。

❷ 共通点グループづくり＆整列ゲーム

1分以内に話をせずに，ジェスチャーで同じ星座の人とグループをつくって2列横隊になり着席します。他にも通学路のコースや昨年のクラス，好きな動物など，簡単なものから難易度が高いものまで挑戦させることができます。

❸ 命令ゲーム

「気をつけ」「休め」「腰を下ろして休め（体育座り）」「右（左）向け右（左）」「回れ右」「前へ……ならえ」「なおれ」「その場で駆け足」……主な行動様式を確認した後に，命令ゲームとして行います。行動様式前に「命令」の一言をつけます。「命令」の一言がないのに，その指示に従うと負けになります。

このようにゲーム性をもって集団行動を行い，学級を一つの集団へと変えていきます。

水筒置き場大作戦

水筒の置き方は，体育館やグラウンドの隅にまとめて置いてあったり，ばらばらに置いてあったり学級によって様々です。まとめて置くと水分補給の時間に一角に人が密集し，効率が悪いことがあります。ばらばらに置くと，忘れ物として授業後に残ってしまうことがあります。

そこで，生活班等の3～4名のグループで1箱に入れるなどして，他の班と距離をとって自分たちの活動場所付近に置きます。そうすることで水分補給がスムーズになり，また班の仲間で管理することで忘れ物が少なくなります。

時間厳守大作戦

体育科は，教室移動になるので，時間を守る練習になります。体操着への着替えの時間をできるだけ短くし，体育授業の活動時間の確保を心掛けさせます。授業の開始時間と終了時間，その前後の授業時間も守ることを意識させます。時間を守らなくてよいということを教えることにならないようにします。

授業開き

外国語
グッドコミュニケーションではじめる授業開き

尾形 英亮

⭐ ポイント

❶ 非言語の大切さを確認する

　生成AIの急速な進化により，英語学習の意義がさらに問われています。生成AIにできない人間らしいコミュニケーションは非言語によるものだと考えます。そこを導入で押さえます。

❷ よりよい人間関係づくりにつながるアクティビティを仕組む

　構成的グループエンカウンターなどを取り入れながら，子ども同士がよりよくかかわれるアクティビティを工夫しましょう。同時に，円づくりなどを通して，学級の実態もつかみましょう。

❸ クラス全体で英語を使ったコミュニケーションを楽しむ

　大切なのは，必然性のある，「聞きたい」「話したい」と思えるようなコミュニケーション活動を仕組むことです。子どもたちが協力し，知的好奇心が奮起される活動にしましょう。

⭐ 生成AIで自己紹介

　授業開きは担任の自己紹介から。普通の自己紹介ではおもしろくありません。そこで，生成AIを活用して，子どもたちの前で英語の自己紹介文を作成します。ものの1分で完成します。

> ・尾形英亮（おがた・ようすけ）
> ・タイの日本人学校で3年間働いていた
> ・ラーメン大好き
> ・ギターがちょっと弾ける
> ・イラストが得意
>
> この情報だけで自己紹介文を作成してください。

①簡単な情報を箇条書きで打ち込み，「自己紹介文を作成して」と指示する。
②日本語の自己紹介文が作成されたら，それを「そのまま英訳して」と指示する。
③英語の自己紹介文が作成されたら，それを音声で流して子どもたちに聞かせる。

　子どもたちからは，驚きの声が上がるでしょう。そこで，「現時点で生成AIはここまでできるのです。もはや一年後はどうなっているか想像できません。それでは，『AIにはできない，人間らしいコミュニケーション』をするために大切なことはなんでしょうか」と問います。

- Smile（表情豊かに）
- Eye Contact（目と目を合わせて）
- Clear Voice（はっきりとした声で）
- Response（相手の言葉に反応しながら）

上記は「Here We Go! 5」（光村図書）に記載されているコミュニケーションのポイントです。これらを教師が最初から提示するのではなく、子どもたちが考えることが大切です。

 ## Hello リレー

導入でコミュニケーションのポイントを押さえたら、心をつなげるアクティビティをします。

①十人ほどのグループをつくり、円になる。
②最初に挨拶する子を決める。
③最初の子は、円のなかの誰か一人に対して"Hello."と挨拶する。
④挨拶された子は、"Hello."と返した後、同様に次の友達を決めて挨拶する。
⑤全員に挨拶が回ったら、「せ〜の」で"Thank you."と言って、その場に座る。

「アイコンタクト」以外に「笑顔」「声」「ジェスチャー」などが見られたら、活動後に全体に紹介して称賛しましょう。「挨拶」だけでなく、「名前」「数字」「曜日」なども使えます。

 ## 協力ボディ・アルファベットゲーム

①四人グループをつくる。
②教師は"Let's make alphabet letters with our bodies."と指示し、ボランティアの子どもと一緒に協力して、体でアルファベットをつくる（"Y"などがわかりやすい）。
③教師は"Let's make "K" in one minute."などと指示を出し、子どもたちは四人で相談して、アルファベットをつくる（出題するアルファベットはランダムで）。
④教師は出題したアルファベットカードをすべて掲示し、"Who is this?"と問う。
⑤掲示されたカードを見ながら四人で相談し、誰の名前かあてる。
⑥最後に、"Y-O-S-U-K-E, Yosuke!"と全員でその子の名前を呼ぶ。

クラスで目立たない子の名前を扱うと、その子に注目が集まります。最初の単元で学習する自己紹介にもつながります。体を使って英語を声に出し、コミュニケーションが生まれます。

授業開き

特別の教科　道徳
約束を示し，道徳科の授業への期待をもたせる！

飯村　友和

⭐ ポイント

❶ 道徳科の授業はどんな時間なのかを示す

　子どもにとってわかりやすい言葉で，道徳科の時間は何のためにあるのかということを示します。次のように話します。

T：国語や算数などの教科の時間は，頭を賢くするための時間です。体育は，体を鍛えるための時間です。では，道徳は何をするための時間でしょうか。道徳は心を育てるための時間です。

❷ 約束事を確認する

　道徳授業を心を育てるための授業にするために次の三つの約束を示します。

〈約束1〉自分の考えをどんどん伝えよう

T：算数の授業では，1＋1＝3と答えたら間違いです。算数では，正しい答え，間違った答えがあります。でも，道徳の授業では，間違いはありません。真剣に考えていたら，全部正解です。何を言っても間違いではないのだから，自分の考えをどんどん発表していきましょう。

〈約束2〉ウケをねらう発言や友達を傷つける発言はやめよう

T：考えたことは，どんどん言ってほしいのですが，道徳の授業は「心を育てるための時間」なので，ふさわしくない発言もあります。二つあります。一つ目は，ウケを狙ってわざと変なことを言うことです。そういう発言があると，真剣に考える雰囲気が壊されてしまいます。二つ目は，友達を傷つけるような発言をすることです。そういう発言があると，安心して授業を受けられなくなってしまいます。

〈約束3〉友達の話をよく聞こう

T：同じ勉強をしても，一人一人心のなかで思っていることは違います。自分には思いもつか

なかったことを考えている友達もいるかもしれません。だから，それぞれがどのように思っているのかを知ることが大切です。そのために友達の話をよく聞くようにしましょう。

❸ 学校生活に前向きになれるテーマを選ぶ

最初の道徳科の授業では，学校生活に前向きになれるようなテーマを選ぶようにします。

最初の授業「何のために学校に来ているの？」

❶ 授業のねらいと概要

自分たちは近くの学校に安全な道を通って来ているが，実はそれは当たり前ではないという事実を知り，「そもそもなんのために来ているのか」を考えることを通して，学校での一つ一つの活動に対して前向きに取り組んでいこうとする意欲を高める。

教材として，Youtube動画「4時間かけて学校へ！ 世界の果ての通学路」と絵本『すごいね！ みんなの通学路』を使います。動画や絵本に登場する子どもたちが時間をかけて険しい通学路を通って学校に来ている様子を見て，自分は何のために学校に来ているのかを改めて考え，これからはじまる5年生の生活や学習の具体的なめあてを考えます。

❷ 主な発問と指示

発問1　みなさんは，どのくらいの時間をかけて学校に来ていますか。
発問2　もしも，片道15kmを2時間かけて歩いて，道の途中はサバンナで野生動物に襲われる危険があったら学校に来ますか。
　　　　（ケニアの兄妹が片道2時間かけて学校に通っていることを紹介する。）
発問3　なぜ，こんなに苦労してまで学校に来ているのですか。
　　　　（動画や本のなかからいくつか写真を見せる。）
発問4　それでは，あなたは何のために学校に来ているのですか。
発問5　このなかで一番大切だと思うものはなんですか。
指示1　今選んだ一番大切だと思うことを達成するために，5年生の一年間で具体的にどんなことをがんばるのか，この紙に書きましょう。
指示2　今日の授業の感想を書きましょう。

【参考】
● Youtube動画『4時間かけて学校へ！世界の果ての通学路』ANNnewsCH
● ローズマリー・マカーニー文，西田佳子訳『すごいね！みんなの通学路』西村書店

第 3 章

小学5年の学級づくり&授業づくり
12か月の仕事術

4月

今月の見通し
初期費用と維持費用を意識する

古舘 良純

今月の見通し

学校行事
- 始業式…進級の喜びを味わう
- 着任式…新しい先生方との出会い
- 1年生を迎える会…高学年としての意識

家庭との連携
- 家庭訪問…地域の理解
- 授業参観＆保護者会…教育方針の共有

学年・学級
- 学級開き・学年開き
- 係活動・当番活動の決定

他
- 休みがちな子へのアプローチ
- 諸帳簿の整理

　4月は，大人にとっても子どもにとってもその一年間を左右する出会いのときとなります。そして，誰もが希望に胸を膨らませているに違いありません。

　だからこそ，一年後という遠くを見ながら，今日という毎日を確かに歩んでいく必要があります。大きな意味での学級経営，小さな単位の授業実践。そのマクロとミクロの視点をもち合わせることが，4月のポイントと言えるでしょう。

　毎日に埋没することなく，顔を上げて進むようにします。

★ リスペクトをもった出会いにする

❶ 頼りになる先生になる

　子どもたちと仲良くなり，子どもたちと楽しく過ごす。これは誰もが目指したい学級の姿だと考えます。

　しかし，楽しいばかりで乗り切れないのが現在の教育現場かもしれません。楽しいばかりでルールがなく，子どものいいように先生が動かされてしまっているケースもあります。

子どもたちにとって「一年間導いてくれる人」になるために，教師として子どもたちの前に立つようにしましょう。
　ていねいな言葉づかい。柔らかい笑顔。肩肘張らない上半身。地に足つけた下半身。どっしりとゆったりと子どもたちを受け止めてあげるようにします。それがきっと，子どもたちからの確かな信頼を得るきっかけとなり，豊かな関係性のきっかけとなるはずです。

❷ 記録を取り続ける

　4月は，これでもかというほどに記録をとりましょう。メモ用紙を持ち歩く。カメラに収める。手帳に書き込む。付箋を増やしていく。どんな方法でも構いません。とにかく記録をとります。
　4月は，教師にとっても一番意欲が高い状態です。子どもたちを見る目も鋭く，美点に注目して見取ることができます。そのチャンスを逃さないためです。
　そして，子どもたち一人一人の名前，顔，特徴，よさ……を的確に把握するようにします。自分がイメージしている学級経営の方向性と照らし合わせるうえでもかなり重要なアセスメントだと考えています。

★ 毎日が黄金の教室へ

　よく，学級開きから数日間が学級を左右すると言われてきました。しかし，それだけを鵜呑みにして崩れていく学級も見てきました。
　その多くは，「自分がすべきことをした」という過信によって減衰の一途を辿ったのだと考えています。
　子どもたちにとってみれば，三日だろうが一週間だろうが関係ありません。一年間，この学級，この先生と過ごしていくという事実が突きつけられるのみです。
　だったら，「毎日が黄金」であるべきで，毎日を成長の場にしていく営みこそ私たち教師にできる唯一の道ではないでしょうか。
　そのために記録をとることで「毎日が黄金」になる教室を目指します。子どもたちのよさに目を向けるためです。子どもたちの可能性を感じるためです。子どもたちの伸びたいと思う気持ちを全力で支えるためです。
　そうやって子どもを中心に据え，初期費用を惜しまず投資するからこそ，教師の使う言葉が変わり，使う言葉の質が高くなり，あたたかみや厳しさを備えたかかわりが成立します。お互いにリスペクトし合う関係を築くためにも，目的意識をもった，「何のために」を忘れない4月を過ごしましょう。そうすれば，年間を通した維持費用も抑えられるはずです。

4月 保護者を味方にする初めての授業参観

山田 将由

★ 最初の授業参観で一年間の学級経営の運命が決まる

　授業参観は全力で準備をしましょう。特に最初の授業参観は大切です。保護者から信頼を得られるかどうかは，最初の授業参観で決まります。授業参観次第で，保護者は味方にも敵にもなります。

　家に帰って「今年の先生はいい先生ね。先生の言うことをしっかり聞いてがんばりなさいね」と言われた子どもは先生の話をしっかり聞くようになります。

　逆に「今年の先生はハズレね。つまらない授業受けるのも大変ね」と言われたらどうなるでしょう。翌日から先生の声は子どもの心に届かなくなります。

　保護者に不信感を抱かれると，取り返すのは至難の業です。一方，信頼を得られると，強力なパートナーになってもらえます。学級の一年間の運命が決まるのは，実は「最初の授業参観である」と言えるでしょう。

　「日常の授業を見てもらうことが大切だ」という考えもあります。確かにその通りです。ただし，その日常の授業で保護者の信頼を100％勝ちとれるのでしょうか。

　「信頼を得られるかどうかわからない」というのであれば，万全の準備体制で，授業参観に臨まれることをおすすめします。

★ 信頼を勝ちとる三つの授業ポイント

❶ 楽しくて，ためになる

　授業参観はショー的な一面があります。授業は楽しいですか。授業で子どもたちに笑顔はありますか。規律は大切です。しかし，多くの保護者は規律よりも，子どもたちが伸び伸びと参加している授業によさを感じます。厳しすぎず，安心感のあるクラスづくりを望んでいます。

　保護者は，「我が子が楽しそうにしていること」が何よりも嬉しいことです。

　ただし，「活動あって学びなし」とならないよう授業のめあてを明確にしておきましょう。

❷「我が子」が授業を真剣に受けている

　教師は授業の構成や流れ，まとめに注目しがちですが，保護者が見ているのは「我が子」です。最後のまとめに辿り着けるかではなく，クラスの誰かが素晴らしい発表をするかではなく，「我が子」がどう授業の時間を過ごすかです。

　「我が子」が授業を真剣に受けられるよう，次のような様々な学習活動を行いましょう。大事なポイントは全員が行っていることです。

- 問題を解く
- 自分の考えを書く
- 友達と仲良くかかわる
- しっかり口を開けて音読する
- ペアトークをスムーズに行う
- 一回以上，みんなの前で話す
- グループトークに参加している
- 話している相手の方を向いて聞く

　特におすすめの学習活動は，ペアトークです。「発問後は，必ずペアトークを入れる」にチャレンジしましょう。挙手指名制（手を挙げさせ，手を挙げた子を指名する方法）に終始する，いわゆる従来型の一斉授業があります。従来型の一斉授業は，一部の子どものみが発表する授業になりがちです。手を挙げない子は，お客さん状態になってしまいます。このお客さん状態を解決する簡単で効果的な方法があります。それは，「発問後は，必ずペアトーク」にすることです。必ずペアトークがあることで，我が子の学習の様子を見てもらえます。

　ペアトークは授業を活発にします。ローマは一日してならず。ペアトークも一日ではできず。普段から「発問後は，必ずペアトーク」を取り入れておきましょう。

❸ 人柄を伝える

　保護者の興味関心は1に我が子，2に我が子，3，4がなくて5に先生です。授業内容だけでなく，先生の人柄も注目されています。保護者が安心する先生の姿の一例を挙げてみます。

- 明るく元気で笑顔
- 誠実，一生懸命
- 親切ていねい
- テンポがいい
- 落ち着いた対応
- 話がわかりやすい
- 一人一人への声掛けやフォローがある
- 清潔感がある（服装・髪型）
- 子どもたちに人気がある

　これらは参観日だけに限らず，普段からも大切なことです。最初の授業参観までを，「人柄を磨く週間」と位置づけるのはどうでしょう。子どもたちと出会ったときから，授業参観日まで，いつも参観されている気持ちと行動で授業を行いましょう。人柄は磨かれ，よい雰囲気のクラスづくりにもなります。

学級づくりのポイント

4月

雰囲気づくりが重要！初めての保護者会

山田 洋一

⭐ 重要なのは雰囲気

4月の保護者会は，教員にとっては教育方針を伝える貴重な機会。一年で最も重要な保護者会だと捉えるのが普通でしょう。

しかし，保護者の側からすると，必ずしもそうとは言えません。教員の話は，自分では気づかないのですが，専門的な話が多く，むずかしい。そのうえ，この日，保護者はたくさんの教員の「願い」や「要望」を聞かなくてはなりません。さらに，担任が変わっても話している内容は大きく変わらないというのが，実は保護者の本音です。

では，保護者は4月の保護者会に，何のために来るのでしょうか。それは，新しい担任の人柄や醸し出す雰囲気を感じとるためです。これにつきます。

だからと言って，もちろん学級経営の方針をないがしろにしてよいと言っているわけではありません。しかし，教員は話す内容と同じ程度に，自分の見え方や場の雰囲気づくりに気を配る必要があるということです。

⭐ 担任は入念なセルフチェックを

まず，重要なのはあなたが醸し出す雰囲気です。見た目を過度に重視するわけではありませんが，第一印象は「見た目」で決まります。

清潔な髪型，地味でよいので清潔な服装を心掛けます。使用感たっぷりのスーツやワイシャツブラウスではなく，手入れの行き届いたものを身につけましょう。髪も整えて，保護者の前に立ちましょう。

立っていても，座っていても背筋を伸ばして，軽く胸を張ります。これだけで，あなたは信頼できる人に見えます。もちろん，見た目だけ整えればよいというわけではありません。しかし，身だしなみは，保護者を無用に不安にしないためにすることです。「この担任やクラスの保護者たちとなら，何とかやっていけそうだ」と感じさせることが大切です。

そのことは，子どもたちのためでもあります。保護者が，家庭に戻って「なんだか新しい担

任の先生，しっかりしていて安心だよね」と子どもに言ってもらえることを，目指しましょう。そのために，朝家を出るとき，また保護者の前に立つ直前には，自分の姿を鏡に映してみましょう。

★ 雰囲気をつくる適度な自己開示

そして，さらに重要なのは緊張を解くあたたかな保護者集団の雰囲気づくりです。次のようなシンプルなアクティビティーで，それを実現しましょう。

❶ 自己紹介とその例を示す

「それでは自己紹介をお願いします。併せて，『最近の子育てでの失敗談』があれば，お話しください」（間髪入れず）「では，私から！ 先日，息子のお弁当を作っていて，おかずは作ってつめたのに，ごはんケースにご飯を入れ忘れました。子どもにすごく怒られました」と，担任からエピソードを披露して，まずは自己開示をします。

❷ 保護者にトークしてもらう

次に，保護者を指名していきます。座席通りに，順に話してもらってもいいですし，あなたが，よく知っている保護者を指名して話してもらってもよいでしょう。

そのときの聞き方のポイントは，次の点です。
- 担任が大げさに反応すること「ええ！」「本当ですか！？」「ありますよねえ」
- 大きく反応してくれている保護者に「○○さんも，そういうことありますか？」と，話をふること

こうすることで，保護者に一体感を生み出すことができます。そして，「この担任と保護者たちとなら，何とかやっていけそうだ」という感触を，それぞれの保護者にもってもらいましょう。

〈保護者トークのテーマ例〉
- 子どもから評判がよかった食事メニュー
- 小さいころに苦手だった給食メニュー
- 子どもを叱って後悔したこと
- 自分の修学旅行での思い出
- 子育てで，最近うまくいかないなあと思っていること
- 家庭学習を，子どもはいつ，どこでしているか

4月 信頼関係を築く最初の家庭訪問

山田 将由

⭐ 家庭訪問の目的は

家庭訪問の目的は「信頼関係づくり」です。

「子どものことを知る」「保護者の願いを知る」「生活環境を理解する」「学校の様子を伝える」「教師の教育観や人柄を伝える」など，家庭訪問では様々なことができます。いろいろできることのなかで，一番の目的は信頼関係づくりです。家庭訪問前後でどうすれば保護者との心理的距離が近くなるかを念頭に家庭訪問を行いましょう。

⭐ 家庭訪問の流れ例

こんにちは。○○学校の○○です。家庭訪問に伺いました。
ご多用のなか，お時間をいただきましてありがとうございます。
今年度○○さんの担任をさせていただくことになりました○○です。どうぞよろしくお願い致します。
新しい学年になって友達も先生も変わって，色々と大変なこともあると思うのですが，ご家庭では何か変化などありますか。
　　（中略）
健康面や友達関係で，何か気をつけた方がいいことやご要望はありますか。
　　（中略）
○○さん，学校ですごく○○なんです。今日は……（よいところを伝える）。
　　（中略）
お話ができてよかったです。何かお気づきのことがありましたらいつでもご連絡ください。○○さんが楽しく過ごせるよう，また，成長できるよう力を尽くします。一年間よろしくお願い致します。本日はありがとうございました。

家庭訪問のポイント

❶ 事前準備をしっかりと行う

家庭訪問の前に,前学年までのこと,特別な事情などを把握しておきます。そして,子どもの具体的なよいエピソードを三つは用意しておきます。前担任から,子どもと保護者の情報,訪問の際にわかりにくい住居や訪問のルートなどのアドバイスももらっておきます。

❷ 時間を守る

訪問時間を厳守することは基本です。遅刻や早過ぎる訪問は,保護者に不信感を与えます。話が長引く場合もあります。余裕をもって移動する計画を立てます。

❸ 保護者の話を中心にする

教師側の一方的な情報提供の場ではなく,保護者の意見や要望を聞く重要な機会です。基本的に保護者の話を中心にし,真摯に対応することで,信頼関係を築くことができます。

❹ よいことしか言わない

基本的によかったことのみを伝えます。どうしても改善やお伝えすべきことがある場合には,ポジティブな言葉を選ぶようにします。例えば,漢字が苦手な場合,「今日も漢字がんばっていました。これからもこのがんばりを励ましていきたいと思います」など,肯定的に伝えます。「最初から批判的な人を好きになることはまずない」ことを肝に銘じましょう。

❺ してはいけない話題を避ける

子どもや保護者のプライバシーに十分配慮します。他の子どもやご家庭の情報を話題にしてはいけません。また,前担任や他の子どもやご家庭の悪口が出たとしても同意してはいけません。もし悪口が出た場合は,「そうですね」ではなく「そうですか」と応えましょう。

❻ 適切な服装を心掛ける

家庭訪問では,清潔で控えめな服装を心掛けます。保護者に対して信頼感や安心感を与えるためにも,過度にカジュアルな服装や派手なアクセサリーは避けましょう。

❼ 事前アンケートを子どもにする

5年生になって変わったことはありますか? 今のクラスはどうですか? 休み時間によくすることはなんですか? 誰と過ごすことが多いですか? 好きな勉強はなんですか? 困っていることはありますか? などの事前アンケートで話す内容が豊かになります。

4月 一週間で徹底！すべてのルール指導

中村　健一

⭐ 一日を不安なく過ごせるようにする

「朝，教室に入るときには，先生に自分から大きな声で挨拶をする」
「先生がすぐに丸つけできるよう，ランドセルを片づける前に，最初に宿題を出す」
「荷物はすべてロッカーに入れるか，廊下のフックにかける。机の横にかけない」
「ランドセルに荷物を片づけるのは，二分以内にする」
「さようならをしたら，教室に残らない。すぐに帰る」

　朝来てから帰るまで，学級には数多くのルールが存在します。それらのルールをすべて教えなければなりません。子どもたちが迷うことなく，一日が過ごせるようにするのです。
　「どうしていいかわからない」こんな状態は，不安です。一日のルールを明示して，子どもたちを安心させましょう。

⭐ 一週間ですべてのルールを教える

　新年度当初の子どもたちは，不安なものです。だから，早い段階でルールをすべて教え，子どもたちを安心させる必要があります。そこで，新年度最初の一週間で，すべてのルールを教えてしまいましょう。また，そうしないと，4月の1か月でクラスを軌道に乗せることはできません。
　しかし，わずか一週間ですべてのルールを教えることは，実に難しいことです。そこで，初めてのときに抜けなく教えることを意識しましょう。
　例えば，給食のルールです。準備のルールは，初めての給食の前，4時間目を10分早く終わらせて教えます。
　例えば，下駄箱に上靴のかかとをそろえて入れるルールです。最初の昼休みのときに，全員を下駄箱に連れて行って教えます。「昼休みは，外で遊ぶ」というルールも，このときに教えてしまうといいですね。

ルールは，合言葉にする

　ルールは，合言葉にするといいでしょう。

T：朝自習は？　　　　　　　C：黙って！　座って！（全員が声をそろえて）
T：教室移動は？　　　　　　C：黙って！　並んで！（全員が声をそろえて）
T：掃除は？　　　　　　　　C：まずは，黙って！（全員が声をそろえて）
T：席を立つのは？　　　　　C：次の授業の準備の後で！（全員が声をそろえて）

　合言葉にしようと思えば，シンプルになります。そうすれば，どうすればいいかが，子どもたちにはっきり伝わります。

　合言葉は，繰り返し繰り返し言わせます。言わせて確認し，徹底していくのです。子どもたちが完全に覚えて，反射的に言えるようになるまで，繰り返すのがいいですね。

　ちなみに，私の学級には「黙って！」の合言葉が多くあります。いつもザワザワしている教室は荒れます。荒れないために，子どもたちが黙る「沈黙の時間」を大切にしたいですね。

⭐「フォロー」を忘れない

　一週間で，一日のルールをすべて教えました。合言葉で，ルールもわかりやすく明示しました。これで終わりではありません。子どもは，忘れる生き物だからです。また，サボる生き物だからです。放っておくと，楽に楽に流れてしまう。それが，子どもというものです。

　そこで，大切なのが「フォロー」です。簡単に言えば，教師が子どもをきちんと評価しましょうということです。

　例えば，教室移動です。教室移動したら，教師は，次のように言います。

T：全員，起立。教室移動は？（子どもたちが「黙って！　並んで！」と言う）合言葉通り，黙って並んでできた人は，座りなさい。

　全員が座れれば，「すごいクラスだ！」と褒めます。拍手もします。しかし，座れない子がいれば，当然叱って「やり直し」です。

　ルールをきちんと守っていたら，褒める。ルールを守っていなかったら，叱って「やり直し」。「フォロー」といっても，これだけのことです。

　しかし，「フォロー」しない教師は多いもの。「フォロー」しなければ，子どもたちは思います。「ちゃんとやっても，褒めてもくれない」「ちゃんとやらなくても，叱られない。大丈夫だ」こうやって，子どもたちは，どんどんルールを守らなくなっていきます。

　「フォロー」を忘れることは，やらなくていいんだと教えているのと同じです。特に若手は「やり直し」をさせないから学級が荒れていくのです。

| 学級づくりのポイント | 4月 | 5月 | 6月 | 7・8月 | 9月 | 10月 | 11月 | 12月 | 1月 | 2月 | 3月 |

4月

レク

ルールを守る大切さを伝える「木とリス」

⏱ 15分

ねらい 様々な友達と交流する楽しさやよさを味わうため。
一体感を高め，学級への所属感や前向きな気持ちを育てるため。

準備物 なし（机と椅子を動かして，広いスペースをつくる）

江越喜代竹

どんなレク？

　誰もが安心して，気持ちよく過ごすために必要なものはなんでしょう？　それがルールの意味です。「廊下の右側を歩く」「他人に危害を加えない」など，指導したいことにはキリがありません。しかし，5年生であれば，多くの子どもたちが当たり前にできていることばかりです。
　ここでちょっと視点を変えて，「楽しい時間が楽しく過ごせるのはなぜか？」と考える時間をもってみましょう。サッカーで，「自分が楽しいから」と，一人だけ手を使ってはみんなが楽しめませんよね。無意識にルールを守っているからこそ，楽しい時間を楽しく過ごすことができるのです。活動後のふり返りで，「ルールを守れているからこそ，楽しい」ということに気づかせてあげましょう。ルールを守るよさを，実感できるレクです。

「木とリス」の流れ

❶ 三人組をつくりましょう。

　三人組をつくり，二人は向かい合って手を合わせ，アーチをつくります。もう一人はアーチのなかに座ります。アーチをつくった人は「木」の役，なかに座っている人は「リス」の役です。初めて行うときは，教師は子どもたちのなかに入らず指示役（リーダー役）として参加します。

❷ 合図に合わせて，ペアを交換しましょう。

　リーダー役が出す指示は三つ。「木こりが来たぞ！」「オオカミが来たぞ！」「嵐が来たぞ！」だけです。「木こりが来たぞ！」この指示が出たら，「木」役の子どもは，木こりから逃げるためにペアを解散し，別の人とペア（木）になってリスを囲みます。
　「オオカミが来たぞ！」の指示が出たら，「リス」役の子どもが，別の木の下へと移動します。

「嵐が来たぞ！」の指示が出たら，全員三人組を解消し，違う人と三人組をつくります。このとき，「木」役の子どもが「リス」になっても OK。役が入れ替わるのもよしとします。

教師は子どもたちの様子を見て参加します。子どもたちが慣れてきたところで「木」や「リス」になって，リーダー役を交代しましょう。教師は楽しみつつも，後からフィードバックできるように子どもたちの様子をよく観察しておきましょう。

❸ 「木とリス」の活動が楽しめた理由を考えましょう。

ある程度回数を重ねたところで活動を終了し，ふり返りを行います。机や椅子を戻すことなく，そのままの隊形の方が，話し合いや相談がしやすくなります。

「みんなはこの活動をすごく楽しんでいたように見えたけど，どうしてそんなに楽しかったのかな」と問い掛けましょう。「楽しかったから」と言葉たらずな子もいれば，「みんなで協力したから」などと発言してくれる子もいるはずです。子どもたちは，目に見えたこと，自分が体験したことばかりに視点がいきがちです。

そんなときに，あえて，「では，みんな（誰か）がルールを守らず，『木こりが来たぞ！』でリスが逃げていたらどうなっていたでしょうか」と問い掛けてみましょう。「楽しくない」という答えが返ってくるはず。「みなさんにとっては当たり前ですが，ルールを守っているから楽しめたのです。つまり，ルールは，みんなが楽しく生活をするためにあるんですよね」と子どもたちに伝えましょう。「〇〇さんは，この場面で，こんな動きをしていましたね」と肯定的に紹介するとより伝わります。その後，「廊下を走っている人がいたら」「時間に遅れる人がいたら」などと，日常生活に話題をつなげると，ルールがもつ意味の捉え方が変わってきます。

ルールという土台があるからこそ，安心して楽しい生活ができている。子どもたちに，当たり前がもつ価値を伝えていきましょう。

【参考文献】
● 弥延浩史著『クラスのつながりを強くする！学級レク＆アイスブレイク事典』明治図書

4月 学級通信「自己開示のススメ」

古舘 良純

★ 人が書くということ

　AIで作文が書ける時代です。「大切な教訓」や「素敵な話」は，簡単に書けるようになりました。だからこそ，「何を伝えるか」よりも，「誰が伝えるか」の方が重要になってきていると感じます。

　ということは，「あの先生の文章なら」と思っていただかなければなりません。言葉を選ばずに言えば，「人間くさい文章」「琴線に触れる内容」にしていく必要があります。いわゆる感情の動きを大切にした通信です。

　そのために，自分とは何者か，何のためにこの通信を書くのかを明確に示していく必要があります。もちろん，2号，3号と続くわけですが，第1号は自分の年齢や家族構成，自宅や好きな言葉などを書きます。場合によってはサッカーをしていること，読書が好きなことなども書きます。

　「秘密（知らないこと）」や「未知（わからないこと）」が多ければ多いほど人と人とのコミュニケーションは困難になります。意外に年齢や家族構成などは親近感を生むきっかけにもなり，例えば子育てに関する年次休暇の取得にも随分理解を示してくださるようになります。

　できる限り，オープンマインドで書くことをおすすめします。

〈通信の構成〉
①通信に対する願い（木のイラストの下に書いている三行は年間を通して示していく）
②自己紹介（名前・年齢・家族構成などの超個人情報を先に出しておく）
③経歴（何年目，前任校，勤務地などを書く。場合によっては大学の紹介なども）
④子どもたちに対する願い（どんな人に育ってほしいのかを端的にまとめる）
⑤保護者への挨拶（一年間お預かりする旨をお伝えする）
⑥お願い（双方向型の通信であることなどを伝えておく）
⑦キャッチーなイラストなどがあると，他のお手紙と差別化できる

学級通信「言の葉」　　　1

初めまして、古舘良純（ふるだて・よしずみ）です。

■■小学校から参りました。

今年度、この5年生の子どもたちと出会えて、春から嬉しい気持ちになったことは言うまでもありません。

個人的なお話をさせていただきますと、自宅は■■市にあります。通勤距離は44kmですが、運転は嫌いではありません。毎日考え事をしながら（事故にだけはあわないように）運転しています。

家族は、妻と子どもが4人います。長女が6年生になりました。長男は明日■■小学校で入学式を迎えます。その下に年長さん、年中さんが続く構成です。毎日にぎやか（時に騒がしくもある）です。

実は、■■小学校に着任する前は■■県で教員をしておりました。今年で41歳になりますが、ちょうど採用氷河期の世代で泣く泣く■■県の試験を受け、向こうで経験を積んできたというわけです。それでも、住めば都。たくさんの思い出と仲間ができました。

好きな言葉は「地道」。私が小学校を卒業する際、恩師の先生が「継続は力なり」と言う言葉を贈ってくれました。その言葉がルーツになっています。慌ただしく、目まぐるしい世の中ですが、地に足つけて着々と、淡々と、黙々と木が育つように生きたいと考えています。

そしてこの子たちも、5年生の1年間「203日」を大切に、生きてほしいです。大切なお子さんを1年間お預かりします。どうぞよろしくお願いいたします。

お願い

折り紙の裏、チラシの裏、一筆箋程度で構いません。お子さんに対する思いや学校に対する願いを書いて届けていただけませんか？　みなさんの「ことば」で繋がれたら嬉しいです。

保護者のつながる場としても、この通信を活用させてください。家庭と学校、手を取り合って子どもたちの成長を見届けましょう。一筆、お待ちしております。

明日の自分は言葉がつくる
言葉を大切に毎日を生きる
一番の対話相手は自分の心

2024年4月5日

4月 電話や連絡帳を活用した保護者とのつながりづくり

南 惠介

⭐ 肯定的に子どもたちの姿を捉え伝える

　なんのために電話や連絡帳で保護者と連絡をとるのでしょうか。たとえ不適切な行動を伝える連絡だとしても，その本質は**協力して教育をしていくためのつながりを生み出すため**ではないでしょうか。それならば，一方的に相手を責めるような連絡は逆効果です。

　「正しいことを伝えた」つもりになっていても，そもそもの目的を忘れてしまったなら，少しずつ歯車が狂いはじめ，何かをきっかけにひどく不安定な状態になってしまいます。

　「何か不適切な行動があったら連絡する」という考え方を変えましょう。

　子どもたちのがんばっている様子やよかったことを伝えることも電話や連絡帳の役割です。特に学年はじめの4月は忙しい時期ではありますが，積極的に伝えます。

　もちろん，少しは目をつぶることが必要になることもあるかもしれませんが。そして，子どもたちをよく観察し何気ない瞬間を見つけ，連絡帳に一筆書く。そういうことの積み重ねが，子どもたちへの「あなたを肯定的に見ているよ」というメッセージとなります。

　他にも，連絡帳の最後に，「昨日〇〇くんが，友達のプリントをそっと拾ってくれました。嬉しい気持ちになりました」などと，短く書きたす方法もあります。「できれば書いてね」と伝え，書いてもらいます。

　高学年ですから，そうそう保護者が毎日連絡帳を見てくれるわけではありません。しかし，書いていることは少しずつ伝わっていきます。そして，読んでくれる保護者が増えたり，保護者同士が話題にしてくれたりするようになってきます。その一言を書かせるのが難しい場合は，「よかったこと」を前日に書いて印刷しておき，連絡帳に貼ってもらうという方法もあります。

⭐ いつか伝わるからよくないことも伝える

　逆に伝えた方がよいことを伝えないで，後で困難な状況になることもあります。

　その場合は，基本は電話連絡，可能であれば家庭訪問が望ましいでしょう。

　まず，基本的には短くてもがんばっていることを伝えるところからスタートします。

そして，その子の立場に立ちつつ，それでも客観的に事実を伝える。気持ちはわかるけれど，行為は肯定しない，という姿勢が大切です。
　ただ，その行為を伝えることだけで終わってしまうと，保護者も「じゃあ，この子をこの先どう育てたらいいのか」と思い悩ませ，不用意な虐待につなげてしまうこともあります。
　そうならないために，今学校でやっていること，その結果よくなってきたこと，この先学校でやっていくことなども併せて伝えます。
　一緒にやっていく姿勢を見せることで，保護者を孤立させないのです。もしお願いをすることがあればその後です。保護者の状況を考え，具体的な行動として伝えましょう。
　そうすることで，初めて「子どもの行動を好転させる」ための連絡としての役割を果たすことができます。

★ 電話や連絡帳以外でつながる〜家庭訪問や学級通信のよさ〜

　ここでは電話や連絡帳をテーマとしていますが，場合によっては「家庭訪問」や「学級通信」の方が効果を発揮することがあります。
　家庭訪問は，電話一本で済ますことに比べて，「わざわざ来てくれた」と保護者が感じやすくなることが多いです。顔と顔を見合わせて話をすることで，多くの情報を得ることができ，こちらの考えが伝わりやすくなることも多いです。
　また，学級通信に自分の考えを書くことも保護者とつながる一つの方法です。日頃から指導の意図を伝えておくことで，保護者とのトラブルが回避できることもあります。
　こう書くと，時間も手間もとるから大変だと感じるかもしれませんが，ひとたび問題が起こり，こじれてしまうと，そこに掛ける時間と手間は家庭訪問や学級通信の比ではありません。
　無理のない範囲でよいのです。ただ，可能なら少しでもやってみることで，あなたと子どもと保護者を救うことにつながるかもしれません。

〈保護者と上手につながるコツ〉
□子どもたちの様子を肯定的に伝えるところからスタートする
・つながることで，保護者と一緒にできることは増えてきます。
□不適切な行動を伝えるときには，その後をよくする具体的な方策も伝える
・学校で取り組むこと，家で取り組んでほしいことも併せて伝えましょう。
□可能ならば，家庭訪問や学級通信も利用する
・結果的に手間と時間を掛けないで，子どもをよくすることにつながります。

4月

年頃5年生への褒めると叱るのコツ

南　惠介

⭐ 褒めること，認めることが基本

　子どもたちが自覚的に「この先生，いいな」と感じるのは，「楽しい先生」であることが多いと感じます（楽しさにはいろいろありますが）。しかし，自覚的ではなくても，子どもたちが安心感をもちすいのは，先生が子どもたちを肯定的に見ているかどうかだと思います。
　それが具体化しやすいのは，子どもたちを褒めることです。
　「○○が上手だね」「○○ができているよ」という行為を褒める。やろうとしてがんばっていることそのものを褒める。そうして子どもたちの行為を褒め，価値づけしていくことが大切です。できていない子がいて注意する暇があったら，先生の期待に応えてがんばっている子を褒める方が結果的にうまくいくことが多いです。
　ただし，この「褒める」ことはデメリットもあります。往々にして褒めることは「評価」につながります。常にがんばらなければと感じ，息苦しくなるのです。
　そうしないために，「あるがまま」の状態を「いいね」と伝える。教師の指示とは違う文脈でやっていることに対して，「なるほど」「すごいなあ」とつぶやく。
　褒めることが「あなたは……」からはじまるのに対して，認めることは「私は……」からはじまります。「私は，こう思う」と伝える。あるいは，その子のしていることに興味をもつ。そうすることが，子どもたちを認めることにつながっていきます。
　そうした子どもの「あるがまま」を認めていくことは，褒めること以上に大切です。
　そして，そのように褒めたり，認めたりしている様子を他の子どもたちも見たり，色々なことを感じとったりしています。それが教室の雰囲気をつくっていくことにつながっていきます。

⭐ 高学年を褒めることは難しい

　ここまで書いたように，褒めることや認めることは大切です。
　しかし，その一方で褒めることが逆効果になることがあることも知っておきましょう。
　例えば，いじめがある場合，いじめられている子は目立つことを嫌います。また，その場で

は喜んでいても，褒められた結果，本人にとって嫌なことが起こることもあります。そういう場合は，まずいじめをある程度解決することが先決です。また，褒められること自体が苦手な子もいます。その一方で褒められて本当は嬉しいけれど，嫌がる素振りを見せる子もいます。

そういった可能性を考えつつ，それでも褒めるのかどうかを見極めていくことが，高学年の場合は特に必要となってきます。

叱ることはより難易度が高いことを理解する〜まずは伝える〜

叱ることそのものは否定しません。しかし，褒めることの難しさよりも，さらに叱ることは難易度が高いということは理解しておいた方がいいでしょう。一年間を見通したとき，学年はじめは可能な限り叱ることは控えた方が不用意な失敗からスタートしなくて済みます。

では，叱らないで，どのように子どもたちに伝えていくかを考えてみます。

❶ 自分の考えについて例を示しながら伝える

子どもたちの事案を取り上げるのではなく，本質的に重なる例を示しながら，「あなたは，生活のなかでそういうことがありませんか」と，子どもたちに投げかける方法があります。

特に道徳科の時間を使うと無理がないでしょう。教科書の教材を入れ替え，必要な価値や行動を問うようにします。

❷ 叱るのではなく，よりよい行動を伝える，お願いする

「こうしたらだめ」「やめなさい」ではなく，「こういう方がいいよ」と具体的な方法で伝える，あるいは場合によっては「○○してくれたら嬉しいな」とお願いしたり，頼りにしたりしてみるという方法の方が，子どもたちに伝わりやすく，具体的な行動につながることがあります。

〈難しい褒めると叱るで失敗しないコツ〉
□褒めること，認めることの大切さを知ろう
- 褒めることは「あなたが」，認めることは「私が」からはじまる肯定的なメッセージ。
- 褒めることのデメリットを知ることは，不用意なトラブルや不信感を生み出しません。

□叱ることは基本的には避け，伝えることを中心に考える
- その一言で学級が崩れることがあることの怖さを知っておきます。

【参考文献】
- 南恵介著『子どもの心をつかむ！指導技術 「ほめる」ポイント「叱る」ルール あるがままを「認める」心得』明治図書

4月 気になる子への初期対応

川上 康則

⭐ 前任者からの「マイナスな引継ぎ情報」に振り回されないように！

　学校では，子どもの指導や家庭とのかかわり方についての情報共有が大切だと言われています。気になる子へのかかわりは一人が抱えるものではなく，複数あるいはチームで対応するほうが解決の糸口を見出しやすくなります。細かな情報であったとしても，スピーディに対応することで問題の重大化を防ぐこともできます。

　また人は，何も手掛かりがない状態では不安を強くします。私たち教師も，少しでも情報を得ているほうが気持ちは安定するものです。したがって，情報がやりとりされることは，基本的にはとても重要なことだと思っています。

　しかし，前年度の担任が対象児童に対してマイナスな印象を抱いていた場合は十分に注意が必要です。自分のフィルターを通して，都合よく解釈した情報だけが引き継がれてしまうという危険性が十分に考えられるからです。

　「あの子はこんなことをしでかす子だよ」「あの子にはこんなことで困らされた」「ガツンと言ってやったほうがいい」「ナメられないように早い段階で"締めて"おいたほうがいい」など……。こうした情報を丸ごと受け止めてしまったことで，余計な先入観が後任の担任にインプットされて，年度当初から関係性がこじれたケースをこれまでに何度も目にしてきました。

　実態はあくまでも「人によって語られる」ものです。「誰かが語る情報には必ずバイアスが掛かっている」ということを常に認識しておく必要があります。

⭐ 二次的障害への予防的な対応の必要性

　学習面につまずきのある子は「できない・わからない」という状況が続くと，やがて理解しようという意欲すら示さなくなっていくことがあります。

　行動面につまずきのある子は，叱咤・非難され続けたことによって，大人や学校への不信感を強くしたり，自己否定が進んだりすることがあります。

　対人コミュニケーションにつまずきのある子は，周囲の無理解や誤った見方などにより，不

安感や強いストレスを感じて集団生活への適応困難に陥ることがあります。

　このように，本来のつまずきに対する適切な理解や支援が届かないことによって失敗経験が繰り返され，副次的なつまずきへと進行してしまうことがあります。これを「二次的障害」と言います。高学年での対応は，二次的障害の予防やすでに二次症状が進んでしまったケースの回復がメインになります。

時間を掛けてゆっくりと信頼を回復する

　二次的障害は「どうせ俺なんか」という自己否定，「何をやっても無駄だし，意味なんてない」といった諦めいっぱいの無力感，「自分のことなんて誰も理解してくれない」「自分ばかり叱られる」といった他者への信頼感の欠如を生みます。

　なかには，易怒性が鋭くなり，暴言・不穏・攻撃性が高まるケースもあります。また，「本当は困っている」というサインを発することができずに，リストカットや市販薬のオーバードーズのような「自己治療行動」の意味をもつ自傷によってなんとか「自分という存在」を維持しているケースもあります。自傷はSOSのメッセージであることが広く知られるようになってきたとはいえ，未だに教育関係者のなかには「かまってちゃん」や「注意引き」と誤認している人が少なくありません。「どうせ話したって理解してもらえないだろう」という気持ちから，子どもたちはしんどさを隠そうとします。隠せば，孤立感や絶望感は一層強くなります。

　学校現場ではとかく「被害的な感情を直すにはどうすればよいか」「意欲を高めるにはどうすればよいか」という指導技術への関心が集まりがちですが，「できないことをできるようにさせる」指導はどうしても空回りします。

　大切なのは，「初期対応」だけでは何も解決しないという発想をもち，長期戦でかかわり続けることです。子どもが「苦手な部分を受け入れながら前向きな自分をつくっていく」というプロセスを歩むまでは相当困難な道です。そこに粘り強くかかわり，「自分を取り巻く世界はそれほど捨てたものではないかも」という気持ちを回復するまでそばにいる覚悟が求められます。「この先生は自分のことをわかってくれる」と子どもが感じられるようになるまでは，結局のところ，どのような指導であっても効果を生み出しません。

　その際に心に留めておきたいのは，落ち込んだ気持ちが改善されていくときは時間を掛けて徐々によくなっていくものである一方で，悪化するときには比較的短期間に一気に崩れ落ちていくものであるということです。

　かかわりには相当な忍耐力が求められることと思いますが，それ以上に子どもたちのほうが学校でたくさんのつらくしんどい思いを積み重ねています。「今のままのあなたで大丈夫」と寄り添い，「無理して合わせようとするよりも，苦しまないことがあなたにとって何より重要」という優しいメッセージを送り続ける教師の立ち位置が問われています。

4月 初めての委員会活動の紹介と選ばせ方

藤原 友和

⭐ 活動のイメージが湧く紹介をしよう

　係や当番を決めることは，子どもたちにわくわくをもたらすものです。それが高学年になるとさらに全校を舞台とした活動の場である児童会の活動が加わりますから，子どもたちの期待はとても大きなものとなります。子どもたちが主体的に活動をつくっていくためにも「自分の力をみんなのために使いたい」「そのために，この委員会を選ぶんだ」という気持ちをもつことができるようにすることが大切です。

　そこで，前年度までの活動内容を紹介し，子どもが見通しをもって所属する委員会を選べるようにします。

書記局：児童会の中心。大きな行事の企画は書記局の舞台。学校の顔としてがんばって！
図書委員会：みんなを本好きにするならここ！　楽しい企画で本の世界を広げよう！
保健体育委員会：運動好きなら保体委員会。運動会のラジオ体操は任せた！
生活委員会：決まりを守って安全・楽しい学校をつくろう。気持ちのよい挨拶を！
文化委員会：音楽・絵画・劇など芸術活動の企画の中心！　学芸会が好きならおすすめ！
放送委員会：目指せDJ！　お昼の放送で楽しいランチタイムを演出しよう！

　少しオーバーなくらいの説明で，それぞれの活動が学校全体にとってどんな役割を果たしていくことになるのか価値づけます。5年生の委員会活動は，まず意欲を喚起できたら8割成功と考えていいのではないかと思います。

⭐ 希望が重なったときの決め方をどうするか

　基本的に子どもたちの希望を優先します。しかし，各委員会の人数はあらかじめ決まっていますので，希望が重なる場合が考えられます。そこでの決め方に学級経営の思想が反映されるところです。「学級経営の思想」と，少し大袈裟な表現をしましたが，大別すると「アツい指導」と「ユルい指導」に分けられるのではないかと思います。前者は「自治的な学級集団づくり」を目指した学習負荷の高い方向性です。

例えば，希望が重なった子ども同士で「自分こそがその委員会に相応しい」と演説し，挙手による投票で決めるという方法があります。児童会役員選挙が行われる学校では，そのための布石と位置づけられるでしょう。

　一方で，「どの委員会になるかは本質ではない。さっさと決めてしまって他のことに時間を使おう」という立場もあり得ます。じゃんけんやくじ引きがこれにあたります。どのような方法をとるのかは学校や学級の実態によります。どのような方法をとるにせよ，考え方が一貫していることが大切です。

★ 希望通りにいかない！　そんなときはどうするか

　子どもたちが全員，自分の希望通りの委員会に所属できればよいのですが，第2希望，第3希望の委員会に廻らなければいけない場合もあるでしょう。そんなときはどのように調整を図るとよいのでしょうか。

　基本的には，選ぶ前に委員会活動が「みんなのために自分の力を使う」ことで，「よい学校をつくり合う」ものなのだという基本的な考えを押さえることです。つまり，「置かれた場所で咲く」ことの価値について伝えておきます。

　とはいえ，まだまだ幼いところも残る5年生。なかなか納得できないという子どももいるでしょう。そのようなときには「成功を求めるか，成長を求めるか」という視点で，他の係や今後の選択までを視野に入れて「受け止め方」を指導します。

　例えば，私の学級では次のように話します。

T：今回，A君は希望通りにいきませんでした。あらかじめ人数の決まっているもののなかからみんなの所属先を選ぶ場面ではこういうことが起こり得ます。大事なのは，そのことをどのように受け止めるか，ということです。

T：人によっては嫌な気持ちになって，やる気を失う，という人もいるかもしれません。しかし，委員会の活動は学校全体のために自分の力を使う場所です。どの委員会にも大切な役割があります。だから，どの委員会に所属したとしても，一生懸命にみんなのために活動してほしいと思っています。ところで，A君はどんな気持ちになっていますか？

　もちろん，受け止め方は人それぞれですから「仕方ないと思っている。別の委員会の仕事もがんばろうかなって気持ち」と答えるかもしれませんし，「別に，なんともない」と言いながら少し涙目になっているかもしれません。あるいはまったく気にせずに第2希望の所属先の活動を楽しみにしている場合もあるでしょう。

　いずれにせよ，思い通りにいかない場面こそが子ども理解のチャンスですし，受け止め方の学習をする大切な場面です。

第3章　小学5年の学級づくり＆授業づくり　12か月の仕事術　091

5月

今月の見通し
子ども不在に陥らない

古舘　良純

今月の見通し

- 学校行事
  - 運動会…高学年としての意識高揚
  - 陸上記録会

- 学年・学級
  - 運動会練習にかかわる学年集会
  - 給食当番や掃除当番などの見直し
  - 学級レクなど

- 家庭との連携
  - 電話連絡や一筆箋を用いた交流

- 他
  - 専科の先生との連絡・調整

　5月は，教師が緩む時期です。緩むというよりは，知らず知らずのうちに目的を見失ってしまうと言ってもよいでしょう。なぜでしょう？

　4月に学級開きを行い，授業を続けて，子どもたちの様子もわかりました。家庭訪問や授業参観を通して保護者との連携も生まれました。いよいよ「慣れ」が生じてしまう時期でもあるからです。

　そして運動会があります。運動会は「ありき」の行事です。「やりますか？」などという提案はほぼなく，「年間行事計画」に当たり前のように掲載されています（今回は，その議論はしないことにしましょう）。

　先生方ももう何年も経験してきており，「やるもの」として思考停止になりがちです。学校によっては「5年生は○○をやってきた」という例年踏襲の種目もあるのではないでしょうか。それでは，完全に子ども不在に陥ります。「慣れ×例年通り＝子ども不在」なのです。

　同じように陸上記録会もその目的を確かに指導していきましょう。学校代表という名の，大人の都合による「賞状取り合い合戦」は子どもたちを大人の道具にしているだけです。教育的行事としていきたいものです。

「なぜ思考」で問い直す

　運動会は必要ですか？

　運動会の導入をするとき，多くが「優勝」や「勝利」を意識します。すでに的外れな指導がスタートしていると言ってよいでしょう。

　もちろん，目標として勝敗を位置づけることは否定しませんが，目的的に優勝を掲げることのデメリットを理解していなければ，運動会後に何も残らない消化試合となってしまいます。

　しかし，子どもたちに「運動会は必要ですか？」と問うだけで運動会の価値がガラッと変わります。子どもたちは決して「優勝するため」と理由づけをしないからです。ありがちですが「仲間と協力するため」「相手と競い合って高め合うため」など，目的をきちんと言い当てます。

　これは，運動会以降の行事でも使える問いのフレームです。大人が言ってしまいがちな指導内容は，実は子どもに言わせた方が大きな価値を生み出します。

 ## 通過点として意識する

　運動会は，学校の３大行事と言われるほど大きな行事です。それが５月にある学校は本当に慌ただしい５月を過ごすことになるでしょう。

　そんななかで，運動会自体をゴールとしてしまう感覚をもってしまうかもしれません。「運動会のために」「行事の成功のために」と，来る本番に向かって全力疾走してしまう感覚です。

　すると，運動会が終わった途端に「目標を見失った」「糸が切れたようにやる気が出ない」など，日常に対する活力が見い出せなくなっていきます。それは，３月のゴールを見ず，その場しのぎの指導をしてしまっているからです。

　あくまで運動会などの行事は通過点です。年間200日，1000時間以上の授業におけるたった一日なのです。

　その一日を打ち上げ花火的に祭り上げてしまうことは大変危険です。もちろん，子どもたちにとっては忘れることのできない一日になってよいのですが，教師として「通過点」の意識をもっておかなければ，６月を厳しい状態にしてしまいかねません。

　運動会や陸上記録会を通して身につけた力がいかに日常の授業に生かされるのか。子どもたちの育ちがどう学級経営に好影響を及ぼすのか。そこを見越した指導が必要になるでしょう。

5月 運動会を大成功させる常日頃大作戦

学級づくりのポイント

河邊　昌之

★ 手紙大作戦

　運動会練習や運動会の係等で，子どもの活躍する場面が多く見られるのが運動会です。教師はそのよい場面を見つけ，学級通信やその場で子どものがんばりを伝えていきますが，教師だけでは，全員の活躍を見落としてしまいます。そこで，友達同士でがんばりを簡単な手紙にして渡し合う時間をつくります。

　できるだけ，仲のよい友達同士の手紙交換にならないように教師は手紙のやりとりが円滑にいくように心掛けます。また手紙を書き合う場面づくりも大切です。
①表現運動や応援合戦等で見合う活動を設け，その後に書くようにする
②同じ係活動や団体競技の仲間に書き合うようにする

　手紙を書き合うことによって友達のよさを再発見することができます。

★ 役職で活躍，係活動大作戦

　運動会では高学年になると多くの学校で一人一人に役割が与えられます。その役割を運動会だけで終わらせずに，学級活動においても発揮させます。

　一番活躍しやすい運動会の係は応援団です。応援団は学級内においても朝の会などで応援歌や応援合戦の盛り上げ役として，活躍していることが多いと思います。

　しかし，応援団以外の運動会の係が学級内で活動することはほとんどありません。そこで，学級内にある係活動を運動会前の1〜2週間だけ見直します。

　例えば，下記のように運動会の係に沿って学級の係に割り当てます。

❶ 放送係→朝の会，帰りの会の司会
〈場面〉朝の会
「プログラム1番　学級児童，担任による挨拶です。その場に立ちましょう。」
「おはようございます。その場に座りましょう。」

「朝から元気な挨拶でした。」
「プログラム2番　○○先生よる健康観察です。」
「名前を呼ばれたら元気に返事をしましょう。」

❷ 出発係→号令係
〈場面〉算数科　百マス計算を行うとき
「位置について　用意　スタート」

　どの運動会の係も何かしら学級で活躍できる場面をつくり，運動会バージョンの1〜2週間を学級でつくっていきます。そうすることで友達の役割を理解し，より団結力が増していきます。

色・形・音大作戦

❶ 色
　運動会の組分けの色が「赤」「白」であれば，その2色の模造紙を数枚用紙して，寄せ書きや仲間の顔写真を貼って期間限定の掲示物を作ります。赤いタオルやハンカチ等，所属する色に関する掲示物があれば何でも貼りつけ，「色」でお互いの掲示板コーナーを盛り上げます。

❷ 形
　学級内で運動会の組ごとに，どんなチームになりたいかを話し合い，その意味をもったロゴを作ります。組ごとに一つのロゴを作ったり，一人一人が作ったロゴを掲示したりします。

❸ 音
　「エイ・エイ・オー」等の気合い入れのように，簡単ですぐに盛り上がれる掛け声を組ごとに考えさせます。運動会練習前や，学級で何かをするときに，組ごとに集まって元気を出すようにします。オリジナルであればあるほど，自分たちだけの特別なものとして，やる気が溢れてきます。

〈運動会を通して人間関係が良好になっているか確認するコツ〉
☐ 誰にどんな内容の手紙を書いているか教師が把握しておく
☐ 一人一人が自分の役割を理解し，学級・学校へ貢献しているか子どもを見る
☐ 学級内で団結し，盛り上がりを見せているか全体を見る

5月 プロから学ぶ給食・清掃大作戦

河邊　昌之

⭐ 合言葉からのタイム測定大作戦

　給食も掃除も基本的には，低学年から高学年まで六年間を通して同じ活動になります。掛かる時間と質が下学年と同じであれば，1年生から継続して行ってきた活動に成長が見られないことになります。そこで，高学年に響く合言葉**「早くて綺麗」**をクラスの共通言葉として教師と子どもの思いを一つにします。次に活動のタイム測定を行い，仲間と知恵を出し合い，記録を縮めていきます。ねらいは「数字は人を動かす」です。単調な活動も数字（タイム）で可視化することで目的が明確になり，子どものやる気を引き出しやすくなります。また，給食の配膳の時間を短くすれば，食べる時間が長くなります。掃除の時間を短くすれば，他の場所まで掃除でき，綺麗な環境をつくることができます。いいことだらけです。しかし，早くても配膳や片づけが汚いなど，質の悪い活動は「マイナス行動」になることだけはしっかり押さえます。

⭐ スペシャリスト集団誕生大作戦

　「早くて綺麗」を意識して活動ができるようになってきたところで，タイム測定の結果に応じて「伝説の給食当番（教室掃除）」「究極の給食当番（トイレ掃除）」「幻の給食当番（廊下掃除）」など，称号を与えてさらに子どものやる気を引き出していきます。個人ではなくその集団（給食当番や掃除場所）に属する全員にその称号を与えるようにします。

　5月頃になると当番も2回目に突入します。全員で活動内容を共通理解したタイミングで挑戦をはじめます。

❶ 給食当番

　給食当番は，二週間同じメンバーで「伝説の給食当番」を目指します。条件として配膳時間（例：パンの日四分，ご飯の日六分）を設定します。一週間（五日間）の内三日間成功すれば達成とします。最初の一週間（五日間）は，「伝説の給食当番」への練習の一週間となります。誰が何の配膳を行い，仲間同士でどのようにフォローし合うかを確認する大切な一週間となり

ます。最初の一週間のタイムは参考記録とし，二週目が伝説への挑戦となります。時間だけでなく，綺麗に盛りつけ，配り終えた後の配膳台が整っているか等を教師がチェックします。

❷ 掃除当番

　掃除は，ここまでできるようになったら「伝説」というように自分たちで基準をつくります。高学年は掃除場所が多岐に渡り，毎度教師一人がチェックすることができないためです。その基準をしっかり教師が見極めることが大切です。
　給食当番も掃除当番も伝説になることができたら，写真を撮り，教室に掲示します。

★ 憧れプロジェクト大作戦

　プロの技を知り，見ることが成長の第一歩と考え，給食，掃除のプロから学ぶ時間をつくります。給食（配膳，片づけ），掃除を職業として，給料をもらっている人がいることを教えます。これを極めれば，仕事になることを知り，キャリア教育を兼ねている視点をもたせます。

❶ 給食のプロから学ぼう

　動画サイトを用いて，飲食業の配膳のプロの盛りつけであったり，接客業としてのマナーだったりを清掃と同じようにプロから学ぶ時間をつくります。
　また，給食指導では完食したい気持ちを育てることも大切です。完食を強要する時代は終わりました。いかに完食したいと思う気持ちを育てるかが勝負です。映画「ブタがいた教室」の討論場面を見せたり，税金で食材を買い，給食を作り，最後は税金で燃えにくい生ものを廃棄したりする事実を知ることで，残食が「もったいない」ことを考えさせます。

❷ 清掃のプロから学ぼう

　道徳科，総合的な学習の時間，特別活動等の授業内で清掃のプロについて学ぶ時間をつくります。例えば，「新幹線の清掃員」「ディズニーランド」の話であったり，動画サイトに掃除のテクニックを簡単にまとめたものであったりを使って，実際に教室でも実践させていきます。

〈完食したいと思う気持ちの育て方〉
□給食ができるまでにかかわる人を模造紙に書き出し可視化する
〈かかわる人〉生産者，配達員，栄養教諭，調理員，校長先生等の先生方，事務員，
　　　　　　　教育委員会，納税者，ゴミ処理場で働く方々　など
- ５年生なので，税金によって食材を買ったり，人を雇用したりしていることを教えます。
- 大量の廃棄物や調理で出るゴミの処理についても考えさせます。

5月

レク
男女の壁を越えて協力する「ビート5」

⏱ 10分

ねらい 簡単な身体接触をする活動を通して，心理的な距離を近づけるため。
協働的な活動を通し，達成感を味わい，信頼関係をつくるため。

準備物 なし

江越喜代竹

 どんなレク？

　心地よい学級づくりの土台は，人間関係のよさに尽きます。特に，5年生は，油断すると男女の壁が生まれがちな学年です。だからこそ，早いうちに男女の壁を低くしておきましょう。一度男女の壁ができてしまうと，乗り越えるために，多くの時間と労力を掛けることになります。そうなる前に，少しずつ，男女ごちゃ混ぜになって，協力できる活動を仕掛けていきましょう。一回だけではなく，何度も繰り返しましょう。少しずつ，少しずつ，時間を掛けて，繰り返して。協働的な活動を仕掛けることで，男女の距離を縮め，男女の壁を越えた信頼関係を築くきっかけが生まれていきます。

 「ビート5」の流れ

> ❶ 隣の人とペアをつくりましょう。

　最初は意図的に男女ペアができるような指示をします。「隣の人とペア」でなくても大丈夫。番号順など，子どもたちになじみ深く，抵抗感の少ない方が，子どもたちに余計な緊張感をもたせずに済みます。嫌そうな子には，「先生が言うから仕方なく」と思わせれば大丈夫！
　あまりにも嫌がる様子であれば，無理させずに様子を見守ります。

> ❷ 二人で，できるだけ早く，これから見せる動きをクリアしてください。

　言葉だけで説明すると複雑になります。そこで，近くの子どもに協力してもらい，見本を見せましょう。視覚支援として機能させる意味もあります。見本を見せるときは，先生が恥ずかしがらず，堂々と！　失敗しても「先生も難しいんだよね」と，笑い飛ばしてください。

①二人組になって，向かい合います。
②両手で自分の膝を「トン！」と叩きます。
③自分の胸の前で，「パチン！」と拍手を一回します。
④向かい合っている人と，両手を合わせ，「パン！」と元気よくハイタッチを一回します。
⑤自分の胸の前で，「パチン！」と拍手を一回します。
⑥向かい合っている人と，両手を合わせ，「パン！パン！」と元気よくハイタッチを二回します。
⑦自分の胸の前で，「パチン！」と拍手を一回します。
⑧向かい合っている人と，両手を合わせ，「パン！パン！パン！」と元気よくハイタッチを三回します。
⑨自分の胸の前で，「パチン！」と拍手を一回します。
⑩向かい合っている人と，両手を合わせ，「パン！パン！パン！パン！」と元気よくハイタッチを四回します。
⑪自分の胸の前で，「パチン！」と拍手を一回します。
⑫向かい合っている人と，両手を合わせ，「パン！パン！パン！パン！パン！」と元気よくハイタッチを五回します。
⑬その後，同じ要領で，ハイタッチの数を四回→三回→二回→一回と減らしていきます。
⑭最後の一回のハイタッチが終わったら，両手で自分の膝を「トン！」と叩き，「イエ〜〜イ！！」と両手を挙げて叫んだら終了です。

❸ できるだけ，スピードを上げて挑戦しましょう。

　言葉で書くと複雑に思えますが，取り組んでみるとすごくシンプルな活動です。大体の子どもが，すぐにルールを理解できます。手軽にできるので，どんどんペースを上げていきましょう。ペアの間に小さな達成感をもたせることができます。ハイタッチという軽い身体接触と，二人でクリアする小さな達成感の連続で，一体感がぐっと高まります。何回かペアを替えて取り組んだ後，「クラスで一番早いペアは誰だろう？」と競争形式にしてもおもしろく取り組めます。短時間で取り組めるので，朝の会や午後のはじめなど，モチベーションアップを図りたいときに効果的です。

【参考文献】●江越喜代竹著『たった5分でクラスがひとつに！学級アイスブレイク』学陽書房

5月 専科の先生とのつきあい方

南　惠介

⭐ 情報共有に力を注ぐ

　特に若い先生は，専科の先生とのつきあい方に悩まれることがあるかもしれません。

　専科の先生には年配の先生方もおられ，価値観の違いですれ違いを生むこともあります。こうしたら必ずうまくいくという方法は示すことができませんが，いくつかヒントを提示したいと思います。

　多くの場合，専科の先生も「一年間」子どもたちと一緒に学習をつくっていきます。

　担任発表段階の引継ぎが大切なように，専科の先生への子どもの情報共有も必要です。特に専科の先生にとって必要なのは，不適切な行動を示す子の情報です。不適切な行動は，環境によって引き起こされることも多いのですが，まず，気になる子のことを伝えましょう。そして，その子がどんな行動をする傾向があるのかを伝えます。

　そのうえで，どういうときに不適切な行動が出やすいのか，どういう活動のときに生き生きと学習したり，積極的に動いたりすることが多いのかを具体的に伝えます。

　専科の先生も，不用意なトラブルは避け，まずは円滑に授業を進めることを考えますから，はじめに「地雷」を踏まないように伝えることは，子どもや後からフォローしなければならない担任の先生を救うことにつながります。その情報共有は年度当初だけに限りません。「子どもたちはがんばっていますか？」としばしば声を掛けることで，専科の先生が孤立する状況を取り除きます。もちろん，よい情報を得ることもあるので，それをフィードバックすることで，子どもたちが専科の先生を好ましく感じるようになります。

　うまくいっていないことは，教室での指導に生かすことができるでしょう。ただし，「〇〇の時間に，こんなことがあった」と叱責することは，プラスにならないことがあります。

　指導が必要な場合もありますが，直接的に伝えるのではなく，「よくがんばっているけど，こうしたら，もっとよくなると〇〇先生が仰っていたよ」と，婉曲的に伝えるようにします。

　また，教室での子どもたちのがんばっている様子やよいところを伝えることもよいでしょう。

　子どもの肯定的な見方を伝えることで，専科の先生の見方が変わったり，不用意な叱責を防いだりすることにもつながるからです。

何もできなくても，そこにいること

　それでも，子どもが落ち着かず，学習が進まないと言われることがあるかもしれません。
　その場合は，専科の授業に同席するようにします。ただし，基本的にはTTとしては入らないことも伝え，ただそこにいるようにします。学級事務をしながらただそこにいる。
　もちろん，注意が必要なこともあるかもしれませんが，自分で授業をしているときと違い，子どもが不用意な動きをする「兆し」がよく見えるはずです。そのときに，そっと動いて子どもに注意を向け，うんうんとうなずくだけで落ち着いたり，自分で気づいたりすることは多いはずです。そして，子どもたちが叱られているときは，一緒に叱られる。そうすることで，専科の先生も「ああ，この先生もがんばっているな。なんとかしようとしているな」と感じますし，子どもたちは，先生と共同体であることに気づいていくのです。決して叱られ損にはなりません。間違っても子どもたちを監視することを目的としないようにしましょう。

 ## ひたすら謝る・頼りにする

　うまくいかないときに，叱られたり，批判されたりすることもあるでしょう。反論したいこともあるかもしれませんが，水掛け論となり，結果的にうまくいかないことも多いのです。
　そういう場合は，ひたすら謝るというのも一つの手です。専科の先生も悪いのは担任の先生ではないことはわかっていますから，途中で「ああ，この先生は困っているんだなあ。じゃあ，協力しなければ」と一転協力者になることがあります。そのうえで「○○していただけませんか」というお願いをする。若い先生に頼りにされることを多くの先生は好ましく感じています。時に「あきらめる」ことも選択肢の一つに加えてみましょう。
　なんとかなると思うから怒りがわきますが，これは無理だと思えば怒りはわきません。教室でなんとか対応しようと思いますから，とりあえず今のところはある程度放っておいてもらい，担任対応をさせてほしいというケースもあるかもしれません。
　しかし，それは日頃頼りにしているからこそ，可能な「お願い」なのです。

〈専科の先生と上手につながるコツ〉
□情報共有に力を注ぐ
・情報を共有することで，目的も問題意識も自分事として共有することができます。
□ただそこにいる
・うまくいっていないときは，専科の先生の許可を得て，そこにいるようにします。
□ひたすら謝り，頼りにする
・頼りにする，されるという人間関係が若い先生を救うことにつながります。

お　話

挑戦することに意味がある

新年度の緊張を過ぎると，すぐに結果が出ないがんばりを続けることが難しくなってくる。そんな子どもたちを励まし「みんなでがんばろう」と思えるクラスにしたい。

南　惠介

 こんなときに…

　やる気に火が点いていた４月を通り越し，がんばっていたけれど結果が出なくてやる気を失いつつある子が出てきます。結果はすぐに出るものではありませんが，人生経験をまだそれほど積んでいない子どもたちにとっては先が見えないことを不安に思い，がんばることがばかばかしく思えてくることもあるかもしれません。そして，そういう子が増えてくることで，４月からの「みんなでがんばろう」という意識が少し停滞しはじめてくることがあります。

 指導の意図

　上のような状況に陥った子も巻き込んでこそ学級という集団で「みんな」が伸びていく素地ができてきます。そのために，これから先の見通しがもてる話や，挑戦すること自体に意味があるということを子どもたちに真剣に伝えていくことが必要になってきます。

 プラトー〜階段の踊り場にいるあなたへ〜

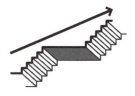

　右のように，斜め上に伸ばした矢印と階段を描いて，次のような話をします。

> 　みんなの成長は，この線のようにまっすぐに伸びていくわけではありません。
> 　成長には，途中で止まったかのように見える時期があります。
> 　それをプラトーと呼びます。階段の踊り場のようなものです。でも，その時期に工夫しながらがんばることをやめなければ，グンと伸びていく時期がやってきます。
> 　もしかすると，今「がんばったけど，何も変わらない。いいことなんかないや」と思っている人がいるかもしれません。だけど，そこでもう少し今のままがんばってみてください。
> 　自分で「あ，先生が言ってたのはこれか」とわかるときがきます。楽しみにしながらもうひとがん

> んばりしてみてください。そして，そのために先生もがんばろうと思います。

先が見えなくなっている子どもたちに対して，そのがんばりを先生は知っているということ，そして，一緒にがんばろうというメッセージを伝えていきます。

⭐ 挑戦することの価値

5月のものではありませんが，以前配付し，子どもたちに読んだ学級通信の一部を抜粋して紹介します。

> 陸上練習に限りませんが，私たちはついついできたことを褒めてしまいがちです。
> でも，小学生のときに大事なのは「できたこと」ではなく，「自分の可能性を信じて，できるようになろうと一生懸命にがんばること」だと思います。
> 例えば100m走で言えば，シビアに勝ち負けは決まります。
> しかし，小学生が学校で陸上をする一番の目的は人に勝つことでしょうか。日本一になれた子どもは「勝ち」で，そうでない子はすべて「負け」なのでしょうか。
> 決してそうではないと思います。
> 学校で，得意な子も，そうでない子も陸上に一生懸命取り組むのは，みんな「昨日の自分より成長するため」ではないかと考えています。
> うまくいって喜ぶのも，なかなかうまくいかないで悔しい思いもするのも，すべて「経験」。後に生かせるかどうかは，自分の心のベクトルが決めてくれます。
> 今，5年生全員が「自分の可能性を信じて」がんばっています。
> 以前に計った100mのタイムより，みんな大きく縮まっています。
> そして，まだまだこれからです。すべては来年のため。そしてもっと先の未来のため。
> ちなみに，先生は高校時代50m走を6秒台で走っていましたが，みんなと同じ5年生のときは，10秒を切ることができませんでした。
> ただ，速く走れたらいいなという願いはもち続けていました。
> 人はいつ伸びるかわかりません。ただ，信じて少しずつでも努力を続けていくことで，願いが叶うこともあると先生は思うのです。

現状の子どもたちをできるだけ肯定的に捉えること。そのうえで挑戦する価値を示すこと。そして，教師が自分の経験や願いを語ること。高学年だからこそ，伝わることはあります。

学級づくりのポイント

| 4月 | 5月 | **6月** | 7・8月 | 9月 | 10月 | 11月 | 12月 | 1月 | 2月 | 3月 |

6月

今月の見通し

授業で学級をつくる

古舘　良純

今月の見通し

学校行事
- 校内授業研究会
- 水泳学習開始

家庭との連携
- 面談日の調整

学年・学級
- プール清掃
- 雨天時の過ごし方指導
- 席替えなど

他
- 熱中症予防に関する啓発

　6月は，1学期で一番登校日数が多い月です。運動会などの行事も終わり，各教科の学習に力を入れなければならない時期でもあります。

　しかし，運動会で目標に向かうことの大切さを学び，行事を通して学級の団結力が育っていれば，その力を発揮して学習スピードを高めることのできる時期でもあります。いかに，各行事を日常生活に生かしていくかが問われる時期なのです。

　また，落ち着いた生活に力を入れる時期でもあります。仕方がないことですが，梅雨の時期になって遊ぶ場が制限されると，「廊下歩行」や「雨の日の過ごし方」などの生徒指導事案が増えます。生まれた時間を何に使うか考えさせ，過ごすようにします。

★ 授業で学級をつくる

　学級が崩れていく原因の一つに，授業の目的を子どもたちが理解していない場合が考えられます。共有せずに進むと，教師も「教科書を終わらせること」「テストを消化すること」に意識が向いてしまい，子ども不在の授業が展開されることになるでしょう。

子どもたちにしてみれば，「先生がどんどん進める」「置いていかれている」「もう知っているからつまらない」など，授業時間がそれぞれの感覚で「苦痛」になっていく可能性があります。

　物語の読みとり，算数科の計算などを蔑ろにしていいというわけではなく，そうした学習を通してどんな人になりたいのか。授業という時間をどう生きたいのかを考えなければなりません。

　やる気をもって過ごせば意欲的に生きる価値を感じられます。友達と協力して学べば協働することの楽しさに気づくでしょう。そういった「裏のめあて＝学級経営」を意識しない授業は，子どもたちを置き去りにします。

　多くの場合，第１回目の校内授業研究が行われる時期が６月です。教科書をなぞって終わらせるような，子どもの姿の見えない授業（学級経営の文脈がない授業）からは脱却したいものです。それは，長期的に学級を崩していく原因になるからです。

⭐ 成長を加速させる６月

　子ども不在の授業は，授業を停滞させるばかりか学級集団としての機能を弱めていくと考えています。子どもたちの成長とは真逆の状態に陥ってしまうということです。

　そういった状態を「６月危機」「魔の６月」といって囃し立てる風潮もあります。

　しかし，構図から見れば危機でも魔でもありません。

　「大人の都合優先の６月」「子ども不在の６月」なのです。子どもからすれば，「先生！　私たちいるよ！　忘れないで！」とアピールしているだけではないでしょうか。

　「先生！　教科書ばかり見ていないで私たちを見て！」と，大人の目を覚ましてくれるために「アクション」を起こしているのではないでしょうか。例えばそれが「不適切な行動」だったとしても。

　逆に考えると，子どもたちの様子をアセスメントし，適切に授業改善していくことで子どもたちの成長を加速させることができるということです。

　運動会を終えた子どもたちは成長したがっています。全力を尽くすことの大切さを学び，友達と学び合う楽しさを感じているからです。そうした意欲が授業で健全に発揮できないことが，子どもたちの荒れを生んでいるとするなら，教師がすべきことは力を発揮できる場をつくること。授業デザインを考えることなのではないでしょうか。

　ぜひ，自校の先生方と子どもを中心に据えた，子ども不在にならない授業実践について考えてみてください。そして，学級づくりを加速させていきましょう。

6月 楽しいプール開きと確実な安全指導

河邊　昌之

★ 事前指導大作戦

　水泳は子どもから人気の単元です。水遊びの延長として捉え，テンションが上がり，おふざけモードになってしまう子どもがいます。プールサイドで指導をはじめるのではなく，体育担当が学年集会という形で事前指導しておくと学級差が生まれず，当日も指導しやすくなります。
　また，高学年ということもあり，水泳の授業に対してイメージがついているので，話をまとめておけば，学年指導も時間を掛けずに終えることができます。

〈必ず押さえる五つの事前指導〉
①着替え：脱いだ服を散らかさない「できるだけ早く」
②移動，整列，着席：どこに座るのか子どもに伝えておき静かに待つ「できるだけ早く」
③持ち物管理：タオルを掛ける場所やサンダルの並べ方……等「どこにどうする」
④見学者の対応：教師の指示が少なくとも動けるように役割の明確化
　男女ごとに着替え後の更衣室の点検やプールサイドの掃き掃除，水に浮くゴミの清掃……等「どこで何をする」
⑤指示：水から上がる等，笛で指示が通るようにしておく
　プールサイドは拡声器の調子や風の影響で教師の声が聞こえにくいこともあるので，できるだけ，注意するべきことは事前指導で済ませておき，入水時間を多くとれるようにします。

★ 楽しいプール開き大作戦

　事前指導を終えていて，尚かつ着替えやプールサイドでの歩き方や過ごし方に問題がないのであれば，子どもの態度を大いに褒め，水中で友達と協力してできる簡単なレクや運動の時間を多くとります。早く着替えて，高学年としてけじめのある姿を見せれば楽しい時間が待っていることを最初の時間に体験させます。
　次ページに，水慣れを兼ねて友達と楽しめるレク的な運動を紹介していますので，そちらも参考にしてください。

公データ活用大作戦

　「水は危ないので気をつけましょう。昨年も多くの命が失われました」等のアバウトな指導ではなく，具体的な数字と事例で話をすることで，子どもの理解度が増します。先生も楽しい時間にしたい一方，危険と隣り合わせの授業であることを伝えます。インターネットで検索できる下記の資料について先生方が少しでも目を通し，活用しようとするだけでも指導の仕方が変わってくるはずです。

❶ 警察庁生活安全局生活安全企画課

　「令和〇年における水難の概況等」「令和〇年夏期における水難の概況等」の二つの資料です。発生件数や水難事故の年齢層，事故内容だけでなく都道府県別の発生状況もまとめられているので，このなかで子どもに伝えたい数字を絞って伝えます。

❷ 日本スポーツ振興センター

　「学校の管理下における水泳事故の現状」の資料です。学校種別と発生原因等がわかりやすくまとめられているので，今から入る学校のプールでも悲しい事故が起きていることを確認することができます。

❸ 日本財団

　『「海のそなえ」水難事故に関する調査サマリー』の資料です。53ページにわたるプレゼン資料のうち，どのページを子どもに伝えてから水泳授業に臨むかを是非とも考えてほしいと思います。

　私なら「日本の不慮の溺水事故による死者数は世界ワースト２位」この言葉を引用させてもらいます。

〈プール開きレク〉
□鬼ごっこ，じゃんけん，猛獣狩り，リレー
- 手つなぎ鬼やじゃんけん列車等，普段から陸でも行っているものは，指示が少なくすぐにできます。

□表現運動，流れるプール，波プール
- １～５年生時に運動会で踊ったことのある表現運動やマイムマイム等……。

【参考文献】
- 日本財団『「海のそなえ」水難事故に関する調査サマリー』

6月

レク

雨の日にぴったり「漢字宝探しゲーム」

⏱ 10〜15分

ねらい 様々な視点から漢字を見つけることで，柔軟なモノの見方を伸ばすため。
協力して漢字を発見することで，互いのよさを認め合う態度を養うため。

準備物 お題が書かれた紙（掲示用）1枚　※全員に配付してもよい。

江越喜代竹

 どんなレク？

　雨の日でもできて，国語科の学習にもつながるレクで原実践は向山洋一氏です。個人で勝負するもよし，チームで競争するもよしと，あえて競争にすることで子どもたちのわくわくした気持ちを引き出します。今回は，「グループで何個見つけられるか」のバージョンです。見つけた漢字をどの程度まで許容するかは，学級の実態に応じて加減してください。あまり厳しすぎると，子どもたちは意気消沈してしまいます（笑）。子どもたちの発想力を広げると同時に，私たち教師も，柔軟な視点が求められます。ぜひ，子どもたちと一緒に挑戦してくださいね。先生が一緒に取り組むだけで，子どもたちのやる気もアップ！　大人の本気を見せてあげましょう！！

 「漢字宝探しゲーム」の流れ

> ❶ この模様のなかに，どんな漢字が隠れているか見つけましょう。

　「これから，漢字宝探しゲームをします。みなさんの頭をぐにゃぐにゃに柔らかくして，できるだけたくさんの漢字を見つけましょう。図のなかから，何個の漢字が見つかるでしょうか？」と言いながら，次ページの図を掲示します。必要に応じて，印刷したものを配付したり，提示したりしてもよいです（文書アプリなどで簡単にできます！）。

　「例えば……『二』という漢字や，『木』という漢字がありますよね」と，一つか二つ，例を示しておくと，見つけていくヒントになります。制限時間は二分間。短すぎる！と子どもたちが感じるぐらいの方が盛り上がります。

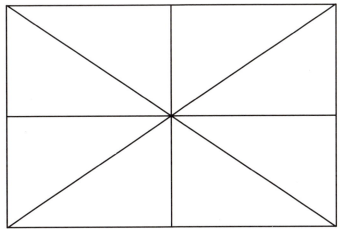
漢字クイズ用紙

❷ 見つけた漢字は、ノートにメモしておきましょう。

　まずは，個人で考えます。後で発表できるように，ノートにメモしておきましょう。自分の考えをもつことで，子どもたちの参加意欲がグッと高まります。短い時間なので，一〜二個でもOK。なかなか見つけられない子には，「こんな字が隠れているよね」とこっそりヒントを出してあげましょう。

❸ グループの友達と見せ合いましょう。追加してもいいですよ。

　個人の時間が終わったら，グループ内で見せ合います。時間を五分とり，見せ合いながら新たに発見した漢字は書き加えてもいいことを伝えます。グループで話していくうちに，自分の見方の偏りに気づいたり，見えない視点に気づいたりします。「あ！　こんな漢字もあるね！」という声が聞こえる時間です。

　制限時間になったら，グループで何個見つけたのか，どんな漢字を見つけたのか発表し合います。「同じ漢字見つけた〜！！」「その漢字見つけられなかったー！！」と賑やかな歓声が上がる時間です。教師も，「この発想はなかったよ。気づかなかったなあ」「そんな漢字見つけたんだ！　すごいねえ！！」と一緒になってわいわい楽しんでください。

　終わった後，時間があれば簡単にふり返りをします。「楽しかった」「難しかった」など，簡単な一言でも大丈夫。感情が共有できるだけでも，グループや学級の一体感を高めます。あまり質を求めすぎると，楽しい気持ちに水を差し，二度とやりたくなくなるので要注意です。

【参考文献】
● 向山洋一著『教師修業6　学級集団形成の法則と実践』明治図書

学級づくりのポイント

4月　5月　**6月**　7・8月　9月　10月　11月　12月　1月　2月　3月

6月　席替えという点を育ちの線で考える

藤原　友和

★ 席替えの「目的」を最初にはっきりさせておく

　席替えの目的はなんでしょうか。

　子どもたちにこのように問い掛けると、「誰とでも仲良くできるようにするためです」とか、「いろんな人と学び合うためです」などと、殊勝なことを言います。おそらく、これまでの学校生活のなかで担任の先生方が話して聞かせてくれたことをしっかりと覚えているのでしょう。

　それらを板書したうえで、さらにつけ加えます。

　「気分転換です。」

　子どもたちは「ええー！」と驚いた表情を見せます。そんな理由でいいの？と言わんばかりです。もちろん、子どもたちが発表してくれた内容はどれも正しく、席替えのたびに人間関係が広がったり、学ぶ力が育ったりするとよいのですが、現実には様々な配慮事項や物理的・空間的な制約があります。

　また、子どもたちの友達関係があらわになるところでもあります。

　そこで、席替えの目的を以下のように示し、「席替えも学習の一つである」ことを押さえます。最初の席替えのタイミングで示しておくことが、子どもたちの納得感にもつながりやすいです。

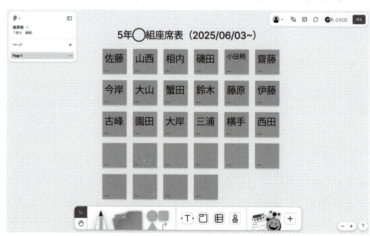

ホワイトボードアプリ「Canva」（www.canva.com）にて作成

- 気分転換する：新しい席でリフレッシュ！　また勉強がんばろう！
- 人間関係を広げる：誰とでも仲良く学び合って、成長しよう！
- チームワークを高める：個性を生かし合ってよりよいものをつくろう！

　座席表はホワイトボードソフトで作成します。ファイルには上記の「目的」を書いておくと、

後々ふり返るときにも便利です。

　さらに，視力や聴力，暑がり・寒がり，前回の席替えからの移動の程度などの配慮事項があることを子どもたちにも伝え，必要だと感じたら担任がコントロールすることも知らせます。

　要するに，子どもたちの学びやすさと担任の教えやすさの落としどころを考えて進めるということです。しかしながら，6月という時期を考えると，まだまだ後者に力点をおいてもよいのではないでしょうか。学級が自治的集団として成長してくると，上記のような配慮事項もふまえながら子どもたち自身で進められるようになりますが，それは少し先の話です。

★ 席替えの実際

　さて，私はネームプレートを用いて以下のように進めています。
①黒板に男子児童席・女子児童席をあらかじめ色分けして書いておく
②教室全体を四つに分割するようにA〜Dのエリア分けをする線を引く
③合理的配慮の必要な児童席を先に決める
④列ごとにネームプレートを貼るか，エリアごとに貼っていくか子どもの希望を聞く
⑤④で決めた手順に従って，ネームプレートをシャッフルしながら貼っていく
⑥すべての座席が決まったら，本当にこれでよいか聞く
⑦必要に応じて，調整があり得ることも伝えて席替えを終える

　もちろん，これで絶対にうまくいくわけではありません。意見を表明できる機会を設けてはいますが，みんなの前だと言えないという子もいるでしょう。そこで，気になる子には「ところで，今の席，大丈夫？」など，アフターフォローの声掛けをするようにしています。大切なのは「学級の人間関係の状態はどうであるか」「そのなかで，一人一人はどんなことを思っているのか」という視点を持ち続けるなかに席替えを位置づけるということです。

★ 席替えという「点」を，学級の育ちが見える「線」で考える

　ホワイトボードアプリで座席表を作成することを習慣化すると，「いつ，誰が誰と席が近かったのか」「そのときの学級の様子はどうだったのか」など，学級の状態を折に触れてふり返ることができます。席替えは子どもたちにとって一大イベントですが，同時に生活の場所としての一里塚にもなります。特に高学年の学級経営において友人関係の固定化，それによるグループ活動の不活性は大きな課題です。いつでも誰とでも互いに学び合える人間関係づくりの進捗を考える材料として席替えの記録が残っていることは，学級担任が子どもたちを見とる際の解像度を上げることにもつながると考えられます。

7・8月

今月の見通し
ていねいに終わり，ていねいにはじめる

古舘　良純

今月の見通し

学校行事
- 終業式…1学期の締めくくり
- 余裕をもった評価と通知表作成

学年・学級
- 学級お楽しみ会…成長を確認する会
- 集合写真撮影…ムービーや通信に活用
- 学年レク…学級対抗戦やイベント

家庭との連携
- 個人面談…通知表所見にかわる様子報告
- QRコードで保護者の声を届けてもらう
- SNSモラルについての共通理解

他
- 夏休みの宿題，自ら学ぶ姿勢づくり

　7・8月は「終わり」と「はじまり」の月です。7月は終わりですが，はじまりを意識する月。8月ははじまりですが（夏休みの終わりと捉えてください），いかに終わりからつなげるかを考える月です。夏休みを挟みますが，指導事項や学級風土は地続きでつながっていると考えてよいでしょう。

　特に2学期スタートの8月下旬から9月初日は「子どもがダレる」「夏休みボケ」という言葉も職員室で飛び交うかもしれません。

　しかし，7月をきちんと締めくくっている学級は8月に対してびくともしないと考えますし，8月のリスタートを意識している人は7月も地に足をつけて区切りをつけられるでしょう。

★「終わり」「はじまり」にしない

❶ 7月こそカウントアップ

　カウントアップとは，「5年生75日目」のように積み上げてきた日数を意識して学校生活を過ごす実践です。こうやって積み上げることで，年間200日に対する意識が働くため，「夏休み

まであと〇日」のようなそわそわする感覚にはなりません。夏休みに入る浮ついた感覚が，「毎日の積み重ねが一旦止まる」というレベルにとどまります。

夏休み前は子どもたちが落ち着かないと言いますが，一番落ち着いていないのは大人です。

❷ 8月こそカウントダウン

2学期始業式は，カウントアップ的には「5年生76日目」となるわけですが，「2学期残り85日」というカウントダウンのスタートでもあります。

久しぶりに会った友達との生活がまた再開したのだという感覚にさせるとともに，1学期の75日間があっという間だったことを想起させます。

1学期が終わってしまうスピードを体感している子どもたちは，「85日間」を「短い」と感じられるようになっています。その分，カウントダウンによって気持ちを引き締めることができます。見通しをもつことによって，大人も子どももリスタートの緊張感を高めていくのです。

指導は細かくていねいに

「もう終わってしまうからいいか」「まだはじまったばかりだしいいよね」そんな終わりとはじまりを過ごしていては，子どもたちは簡単に崩れていきます。ルールが崩れていくばかりか，自分たちに都合のよいルールをつくり出してしまう可能性だってあります。

そうやって規律の乱れが生じると，どれだけ力のある実践を用いても，どれだけ機能的な授業を展開しても芯を捉えることはないでしょう。子どもたちにハマっていないからです。

指導とは，子どもたちの意識や行動を確かに変える時間です。7・8月は，大きな指導と小さな指導を組み合わせて，細かくていねいに行います。

大きな指導とは，3月を見据えたミッションや目的意識に対する指導です。「どんな学級にしたいのか」と何度も問うこと。「今やっていることが3月の自分たちにどう影響するのか」を想像すること。そんな大きな指導をしていきます。

同時に，小さな指導も欠かしません。例えば，「ゴミを五つ拾います」「教室を美しくしなさい」と言った指導言で子どもたちの小さな目を育てます。「整列します。10秒で並びなさい」と言って集団行動の基準や目安を示し，場合によっては並び直しをさせます。

これは，ミクロの指導，マクロの指導とでも言えそうです。

そして，小さな指導が大きな指導とどう結びついているかをていねいに説明します。たかがゴミ拾いが，強い学級集団には欠かせないこと。たかが数秒の整列が，自分たちの姿を変えていくこと。そんな未来志向の教室にするために言葉をていねいに届けるのです。

7・8月 意欲を育む「自分で内容を考える学習」

山田 洋一

⭐ 学ぶ目的を示す

　例えば，社会科では「低地と高地」「あたたかい地方・寒い地方」などのように対照的な地域を選択して，学習を進める単元があります。自分の気にいった地域を選んで学習すれば，子どもたちは意欲を高め，調べ学習をどんどん進めるだろうと，安易に考えてしまうものです。
　たしかに，高い意欲で学ぶ子どもはいます。一方で，うまく学べず，「先生，何やればいいの？」と，単元も半ばになって質問してくる子どもがいたりすることも現実でしょう。
　こうしたことを避けるため，教師は周到に子どもたちにかかわる必要があります。そして，その第一は，学ぶ目的（なんのために学ぶか）ということを子どもたちに伝えることです。
　難しく考える必要はありません。「将来，旅行することがあるかもしれない」「会社に勤めたらここで働くかもしれない」「どんな場所に住んでも，知恵を働かせて，楽しく暮らすことができるようになるよ」などのように説明するとよいのです。

⭐ 学習のゴールを明示する

　学ぶ目的を示すことは大切なことですが，実際に何をどの程度すれば，子どもの学習活動が十分に評価されることになるかが，子ども自身にとって明らかでなければいけません。もしも，それらが明らかにならなければ，やはり子どもたちは，意欲を高めることができませんし，学びが無軌道になってしまいます。
　「楽しそうには学んでいたけれど，ちょっと目標からそれていたよなあ」と，単元の指導を終えたのちに，教師が感じてしまうような事態となってしまうでしょう。
　そこで，「①何に」「②どのように取り組み」「③何を使って」「④どの程度できればよいのか」を示すようにします。あたたかい地方を子どもたちが選んだ場合は，次のようにします。
①沖縄県の農業と水産業を調べて，その内容を表現する。
②「さとうきび」「くだもの」「花」「海産物」を必ず含めて，沖縄の気候と関係づけて発表する。
　（ただし，沖縄特有の気候に関連した農産物，水産物なら置き換えてもよい）。

③スライドを使ってプレゼン・スピーチ・作文・紙芝居・ポスターなど。
④S:「さとうきび」「くだもの」「花」「海産物」以外のものも,気候と関係づけて発表した
　A:「さとうきび」「くだもの」「花」「海産物」のすべてを,気候と関係づけて発表した
　B:「さとうきび」「くだもの」「花」「海産物」のうちのどれか三つを,気候と関連づけて発表した
　C:「さとうきび」「くだもの」「花」「海産物」のうちのどれか二つを,気候と関連づけて発表した

以上のように,どれくらい取り組めば,どの程度の評価になるのかも明確に示すようにします。

⭐ 最後は対話して,意欲を高める

　上記①〜④のすべてを用意すれば,子どもたちが意欲的に学びはじめるかと言えば,そうとも限りません。ここまでは,子どもたちの意欲を高めるための必要最低条件でしかありません。
　当然,それだけでは学べない子がいることを想定しておかなくてはなりません。①〜④で示した事柄を,その子の性質に合わせて,バリア(学べなくなっている理由)を取り除きながら,カスタマイズするということが大切です。

> 〈学習へのバリアと,それを取り除く支援の例〉
> ①沖縄そのものに興味がもてない場合
> ・沖縄の農業や水産業を取り上げた書籍,動画などを紹介します。
> ・沖縄の農業や水産業に興味がもてるようなクイズをいくつか出してみます。
> ②取り上げるものに興味がわかない場合
> ・例示された「さとうきび」「くだもの」「花」「海産物」以外のものを例示してみます。
> ③プレゼン・スピーチ・作文・紙芝居・ポスターなどの発表に自信がもてない
> ・「どんな表現方法ならできそう?」と尋ねます。
> ・教師や過年度の子どもの発表動画や作品を見せて,最終的な表現物をイメージしてもらいます。
> ④締め切りが守れない
> ・いつまでにできそうかを尋ね,満足ができる評定になるような時間を確保します。

【参考文献】
・トレイシー・E・ホール他編・バーンズ亀山静子訳『UDL　学びのユニバーサルデザイン』東洋館出版社

7・8月 デジタルシチズンシップ教育へつなぐ SNSモラルの指導

藤原　友和

　情報モラル教育の必要性が痛感される昨今ですが，従来の指導では「禁止」と「脅し」が強調されていたことが問題視されています。もちろん，誹謗中傷や暴言など「これをしてはいけない」と伝えることや，「SNSでいたずらを投稿すると，賠償金が求められることもある」と影響を知らせることも必要です。しかし，それだけでは子どもたちが主体的にSNSを使いこなし，責任ある行動をとる力は育ちません。

　そこで，近年注目されているのが「デジタルシチズンシップ教育」です。これは単に「リスクを避ける」ための教育ではなく，子どもたちがSNSを適切かつ有効に活用し，デジタル社会で積極的に参画する力を養うことを目的としています。本稿では，SNSモラル指導のポイントを以下の3点に絞って示します。

★ 安全な使い方を学ぶ～「自分の情報」と「他者の情報」を守る～

　SNSを使用する際にまず意識すべきは，自分や他者の情報を適切に守ることです。自分の名前や住所，学校名，写真などの個人情報を軽々しくネット上に出すことのリスクを伝えます。また，これまでの指導のなかでも友達の写真や個人情報も無断で投稿しないことを教えているはずです。具体的な指導法としては，以下のようなケーススタディが有効です。

〈個人情報が不特定多数に見られた場合のリスクを考える〉
　「もし，自分の学校名がわかったら，どんなことが起こりうるだろうか？」といった問い掛けを通じて，子どもたち自身に考えさせ，危険を具体的にイメージさせます。

〈許可なく他人の情報を共有した場合の影響を知る〉
　「友達の写真を投稿したらどうなる？」という事例を提示し，その行為が友達にとってどう感じられるかを話し合います。

　NHK for Schoolの「姫とボクはわからないっ」は上記のようなケースについて，とてもわかりやすくまとめています。番組視聴後に上記の内容を話し合うことで，指導の効果を高められるでしょう。

【参考】● NHK for School（https://www.nhk.or.jp/school/sougou/himeboku/）

言葉の使い方を学ぶ〜「傷つけない」「共感する」力を育てる〜

　SNS上でのコミュニケーションは，顔が見えないために，相手の気持ちや反応を想像しにくいという特徴があります。そのため，「共感的コミュニケーション」の大切さを学ばせることが必要です。具体的には，以下の二点について話し合います。

〈傷つける言葉と傷つけない言葉の違い〉

　例えば，「ダサい」という言葉を友達に向けて使ったらどう感じるか，友達との関係はどうなるかについて話し合います。そして，その言葉を「こう言い換えたらどうだろう？」と一緒に考えます。ほんのちょっとの言葉の選び方で，人間関係がよくなったり悪くなったりすることを具体的に考えられるようにします。

〈感謝の言葉や褒める言葉を意識的に使う〉

　学級内のWeb掲示板（例：@Googleクラスルーム）等でのコミュニケーションにおいて，「ありがとう」「助かったよ」など，SNSに限らず日常的に増えてほしい言葉を実践的に練習します。学級の生活が軌道にのってくると次第に慣れが生じてくるものですが，はっきりと言葉にしないと気持ちは伝わりません。自由な時間が増える夏休み前だからこそ，「ふわふわ言葉」をインターネット空間に散りばめておきます。

 ## 自分の考えを発信する力を育む〜「どう使うか」を考えさせる〜

　SNSは単にコミュニケーションをとる場だけでなく，自分の考えを発信し，社会とつながる手段でもあります。したがって，モラル指導では「何をしたらいけないか」だけでなく，「どう使えばよいのか」を考えさせる機会を設けます。例えば，以下のような活動を通して，子どもたちに「責任ある発信」について考えられるように，7月の学習活動を組織します。

〈クラスでの情報発信プロジェクト〉

　学校行事の様子や学んだことを発信する機会をつくります。この際，「発信する情報は正確か？」「誰かを傷つけていないか？」を考えさせ，情報発信の際のチェックポイントを共有します。社会科で関連する単元と絡めて指導することも工夫の一つです。

〈社会貢献につながるSNS活用を考える〉

　総合的な学習の時間等を中心として「地域のよいところを紹介しよう」というテーマで，写真や文章をSNSで発信させる活動を行います。単に「使う」だけでなく，SNSを通じて地域社会の一員であるという意識を育みます。

　SNSモラル教育の目的は，ただ「トラブルを防ぐこと」ではありません。子どもたちがインターネット社会の一員として，安全かつ責任をもって行動し，自分自身と他者を尊重しながら，積極的に社会にかかわる力を育むことです。

学級づくりのポイント

7・8月
よい行動を強化する通知表作成のコツ

山田　洋一

★ 所見は描写と評価

　よい行動を強化するということが，所見のねらいです。つまり，学習で努力を続けている子どもには，その努力を続けられるようにすること。当番活動をまじめにしている子どもには，その行動が続くようにすることが，所見のねらうところなのです。
　そう考えると，さらに続けてほしい具体的な子どもの活動を描写すること，併せて担任がそれをどう感じているかという評価を，明確に書くことが求められることがわかります。

★ 活動描写は組み合わせで考える

　活動描写は学校生活を，いくつかのカテゴリーにしてそのバリエーションで書くことにします。
　例えば，学校生活を「学習」「生活」「行事」という三つのカテゴリーに分けるとします。そして，1学期の所見は，そのなかから「国語」「当番」「運動会」を選んで書くことにします。2学期の所見では，それと重複しないように，「算数」「休み時間」「音楽発表会」を選んで書くようにします。
　こうすることで，内容の単調さを避けることができます。

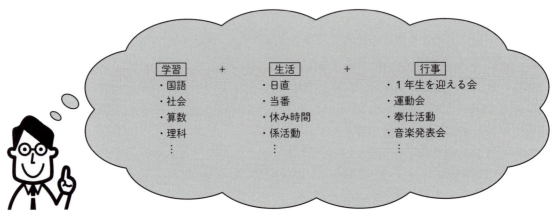

併せて，描写には伝わる描写と伝わらない描写があることを，知っておくことが大切です。

× 「一生懸命に取り組む」 　→　 ◯ 「汗を流しながら取り組む」
× 「きれいな字を」 　→　 ◯ 「文字の中心がそろった字を」
× 「きちんとした姿勢で」 　→　 ◯ 「背中をぴんと伸ばした姿勢で」
× 「意欲的に」 　→　 ◯ 「『私にやらせてください』と言って」

　こうした表現の工夫によって，所見は臨場感のあるものとなります。

★ 評価の段階を意識して書く

　描写の次に書くべきなのは，評価です。描写だけがあっても，それにどういった価値があるのかを伝えなければ，行動の強化にはつながりにくいです。また，書き手としては子どもの成長度合いを意識して書くことで，自分の指導指針を得ることにもつながります。

❶ 指示通りにできる段階
　指示されたことを着実に守り，不備不足なく活動している段階です。

❷ 習慣化した段階
　指示されなくても行うことができ，自分なりに工夫して活動している段階です。

❸ 集団に貢献している段階
　創意工夫が十分に見られ，自分だけが満足するのではなく，周囲の子どもや学級全体に自分の特技を生かして貢献している段階です。

〈各段階で使える評価語例〉
①指示通りにできる段階
　熱心に取り組んでいます／ていねいに仕上げる姿が素晴らしいです／高い成果を上げています／指示通りに〜／〜姿に感心しています／的確に〜することができます
②習慣化した段階
　独自のアイデアをもって〜しています／努力し続けています／声を掛けられなくても〜することが習慣になっています／率先して〜しています
③集団に貢献している段階
　クラスのために積極的に〜／リーダーシップを発揮して〜／クラスの雰囲気をよくするために〜／みんなのことを考えて〜／〜に貢献しています／細やかな気くばりが〜

保護者に「来てよかった」と思ってもらえる個人面談

宇野 弘恵

個人面談の目的

　個人面談は，保護者と学校が情報交換し，子どもをよりよく教育することを主な目的として行われます。多くの場合，期間と時間を限定して実施します。保護者には忙しい時間をやりくりして来校していただくのですから，「個人面談に来てよかった」「先生と話せてよかった」という機会にしなくてはなりません。

個人面談の基本

　保護者にわざわざ足を運ばせるのですから，話題が世間話や一般論に終始していたのではその価値がありません。「相談したい」「話したい」という保護者には傾聴を，「教えてほしい」「知りたい」という保護者には適切な話題提供をすることが鉄則です。

❶ まずは，傾聴に徹する

　高学年になると，学校や交友関係のことを保護者に話さなくなる子も出てきます。学校での我が子の様子を知りたいという保護者も少なくありません。また，思春期の我が子との関係性に悩み，家での様子を聴いてもらいたいという保護者もいます。まずは，
「何かお話になりたいことはありませんか。先に伺います」
と促します。
　このとき気をつけることは，保護者の話を肯定的に受けとることです。話の腰を折ったりすぐに否定したりせず，とにかく最後まで聴きましょう。聴いたうえで，必要があれば誤解を解いたり説明したりしましょう。判断を迷う話題や学校全体にかかわることについては即答せず，管理職と相談し，日を改めて答えることを伝えます。
　保護者の訴えのなかで，他の子や保護者，他の教職員が話題になることがあります。よい話なら問題ないのですが，過去の確執などから悪口や誹謗中傷に発展する場合もあります。決して同調せず，話題提供として受け止めましょう。また，解決すべき問題があれば適切に対応す

ることも伝えておきましょう。

❷ お土産を持って帰ってもらう

　保護者の関心の中心は，交友関係と学習状況についてです。どちらも雑談として何となく話すのではなく，客観的な資料とともに提示することが肝要です。

　交友関係については，日頃の観察と併せて事前のアンケートや面接を行うことが有効です。仲のよい人や信頼している人，人間関係の困りごとや悩みごとをリサーチしておきます。この際，悩みや困りごとはどこまで保護者に話してよいか子どもに確認しておくことが必要です。高学年になると，保護者には知られたくないという子も存在するからです。

　学習状況については，テスト結果の一覧表などの他，4月からの変容がわかるものを準備しておきます。漢字のミニテストの平均点の推移，3分間作文の文章量の変化，計算タイムの変化など，目に見えるものがおすすめです。「私の成長」と題した作文や交流場面の写真を解説とともに手渡すのも一手です。

　また，「中学校での生活」「思春期児童との付き合い方」等の資料があれば会話の助けになります。話題が尽きたときの時間調整にもなり，持ち帰ってもらうだけでもお得感があります。

〈成功する個人面談のポイント〉

□時間はきっちり守る
　どなたも忙しいなかで足を運んでくださいます。待たせて無駄に時間を使わせてしまわぬよう，あらかじめ次のことを伝えておきます。
- 一家庭の時間は限られていること。すべての人の時間を確保，尊重するためにオンタイムで行うこと。そのためにタイマーを使用すること。
- 話題にしたいことや話したいことは先に話していただくこと。
- 話の途中で時間切れとなったら，後日改めて面談の日時を設定すること。

□教室環境を整える
　教室が乱雑であれば，保護者に「大雑把」「無頓着」と思われ，細かいことに気が向かない教師と評されかねません。ロッカーや棚の整理整頓に努めましょう。

□待ち時間をもてなす
　作品を掲示する他，みんなで読んだ本，日常の写真，グループの制作物などを置いておくのも一手です。教師の細やかな気遣いが伝わります。

【参考文献】
- 堀裕嗣・大野睦仁編著『小学校高学年　学級経営すきまスキル70』宇野弘恵執筆分　明治図書

7・8月

プリントでしっかり！夏休み前と明けの生活指導

山田　将由

★ 夏休み前の生活指導

学校で配付される「夏休みの過ごし方」をもとに，生活面や安全な過ごし方について話をします。そして，右ページの「夏休みをよりよいものにするためのオススメリスト」をもとに充実した夏休みを過ごすための話をします。

★ 夏休み明けの生活指導

❶ 生活リズムの確認

夏休みで乱れがちな生活リズムを整えることの大切さを伝えます。早寝早起きを心掛けること，ネット依存症の危険性を話します。

❷ 学級目標，学級や学校のルールの再確認

夏休み中に忘れてしまうこともあるので，学級目標や，学校のルールや教室の決まりごとを再確認します。

❸ 新学期の目標設定

右のようなプリントを用意して，新学期の達成したい目標を考える時間をとります。学習面だけでなく，友達との関係や日常の生活態度などについても考えます。

夏休みをよりよいものにするためのオススメリスト

■ よい習慣を身に付ける
　早寝早起き、学習時間を決めるなど正しい生活習慣で過ごす。
　1時間以上、読書する。
　お手伝い（掃除機や床拭き、洗濯、炊飯、料理など）をする。
　日記を書く。作文を書く。
　運動（Youtube 見てダンス、散歩、縄跳び、ジョギング、筋トレなど）

■ 音読（暗唱）
　陰山メソッド徹底反復「音読プリント」　陰山英男　小学館
　国語の力がグングン伸びる1分間速音読ドリル　齋藤孝　致知出版社
　　　　　　　　　　　　　　　　　　　　　　　　　　　など

■ 昔遊び
　百人一首、カルタ、すごろく、将棋、オセロ、たこあげ、コマまわし、はねつき、お手玉、だるまおとし　など

■ パーティゲーム
　ドブル、ウボンゴ、ブロックス、XENO、カタン、アルゴ、犯人は踊る、コヨーテ、ゴブレットゴブラーズ、
　はぁって言うゲーム、カタカナーシ、ワンナイト人狼、ゴキブリポーカー、立体四目並べ、人生ゲーム　など

■ とことん何かをやる
　休み明けに、「これはがんばった！」といえるものをやりとげる。

■ 算数パズル　や　ジグソーパズル
　『きらめき思考力パズル』サピックス、『天才脳ドリル　入門』受験研究社
　『賢くなるたんていパズル』Gakken　など

■ 特技をもつ
　おりがみ、あやとり、マジック、こままわし、けんだま、一輪車、ルービックキューブ、ピアノ、美文字　など

■ 辞書（総ルビの辞書がおすすめ）びき、視写
　辞書で、身の回りの物を調べる。子ども新聞や図鑑、好きな本、詩などを書き写す。

■ 図画工作や実験
　図画工作や実験の本を複数冊用意し、興味のあるものに挑戦する。
　絵画、工作などのコンクールに応募する。

■ 将来のことを考える
　『学校では教えてくれない大切なこと17夢のかなえ方』、『なりたいワクワクおしごとずかん』等の本を読む。

■ 問題集にチャレンジ
　解説の詳しく、一冊やり遂げられる問題集を購入し、チャレンジする。

4月　5月　6月　7・8月　**9月**　10月　11月　12月　1月　2月　3月

学級づくりのポイント

9月

今月の見通し

いい学級でいい授業を成立させる

古舘　良純

今月の見通し

学校行事	家庭との連携
●秋の運動会…高学年としての意識高揚 ●秋の陸上記録会	●夏休み明け登校渋りへの対応 ●髪型や服装の変化への対応
学年・学級	他
●林間学校（野外活動 or 宿泊学習）	●熱中症予防対策

　教育書ではあまり語られないことですが，9月は残暑をどう乗り越えるかという課題があります。これは5年生に限ったことではありませんが，重要だと考えているので述べます。
　場合によっては7月よりも暑く，それでいて水泳学習もない9月は，例えエアコンが導入されているとしても湿度と熱気が教室を包んでいます。
　ストレスにも様々あって，こうした「環境的ストレス」を一年で一番受けやすいのが9月です。特に高学年は体も大きく，教室に対する密度も高い。さらに力一杯遊んでくる子どもたちは汗だくで教室に戻ってきます。
　そんな集中力が下がっている状態でどう授業を進め，学級をつくっていくかが，教師の腕にかかっている月だと考えています。

⭐ 学級づくりは授業づくり

❶ 学級の目的を共有する

　9月は，一年の折り返しです。9月が終わると学級も半年経ったことになります。いよいよ

成熟していく後半に向け，学級がなんのために存在しているのかを問う時期です。

学級という場所は，あくまで個が立つ場所です。固い言葉を使うと「人格の完成」を目指す場所と言っても過言ではありません。教育基本法第１条です。

豊かなコミュニケーションが成立する学級。友達といい意味で議論が交わせる学級。そんな学級でこそ，一人一人の自立が促されるのだということを子どもたちと確認しましょう。

そして，そういう関係性を基盤としたうえで学習に向かうようにさせます。強い絆の学級であれば，難しい問題，厳しい課題にも耐えうるはずです。そうやって，授業（教科書）を流すだけではなく，子どもたちの関係性を重視した授業づくりを意識していきます。

❷ 生徒指導の四機能

すでに様々な場で言われていることとは思いますが，授業づくりにおいて欠かせない視点が生徒指導の機能です。令和４年12月に改訂された生徒指導提要では，①自己存在感，②共感的な人間関係，③自己決定の場，④安全・安心な風土の醸成の四点が示されています。これら生徒指導の視点が抜け落ちたような授業づくりは，学級づくりにはなり得ません。教科書だけ，各教科領域にとどまった授業づくりになってしまうでしょう。

ぜひ，すべての授業にこの視点を用いた授業デザインを描くことをおすすめします。

★ いい学級でこそ，いい授業が成立する

６月は，「いい授業でいい学級が成立する」と考えています。まだ１学期ですし，子どもたちとの関係性にも緊張感が残っていると考えているからです。

しかし９月は違います。子どもたちとの関係性がある程度固まってきています。さらに環境ストレスが相まって，「慣れ・弛れ」が生じます。ある程度力のある授業だったとしても，そこに学級の基盤がなければ授業のギアが上がらないと考えています。しっかりとした土台があるからこそ，授業にも負荷がかけられるということです。

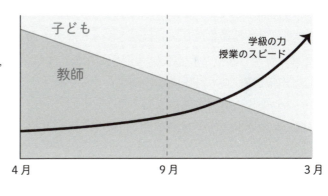

イメージとしては，教師が主導してきた６月に比べ，子どもたちの力を主軸にしていく９月と考えてください。

【参考文献】　●文部科学省「生徒指導提要」（令和４年12月改訂版）

学級づくりのポイント

9月
夏休み明け登校渋りへのアプローチ

南　惠介

⭐ 登校渋りはなぜ起こるのか

まず、登校渋りの原因を考えてみましょう。

友達関係のトラブルがある（あるいは夏休みにあった）、学級の雰囲気が嫌だ、勉強をしたくない（勉強がわからない）、先生との人間関係がうまくいっていない、学校が好きではない、生活リズムが大きく崩れた、家庭の事情が変わった……

他にもいろいろと思い浮かぶかもしれません。長期的に見たときに根本的な原因の改善は必要でしょう。ただ、短期的に考えてまずやらないといけないことがあります。

⭐ 3日目までが勝負

登校渋りの初期対応は3日目までが勝負と言われます。

初日、2日目と休んだ時点でその様子を気にしておく必要があります。単に連絡するだけでなく、体調はどうか、夏休みの様子などを本人だけでなく、保護者にも聞くようにします。聞き方も「夏休みの生活リズムはどうだった？」と責めるようなニュアンスを含む聞き方よりも、「夏休みは楽しかった？」というように雑談をするような聞き方がよいでしょう。

1学期に登校渋りの傾向が見えていた子どもも、3日目までに電話連絡だけでなく家庭訪問など直接顔を合わせる機会をつくるようにします。

早い段階でちょっと背中を押すことで、学校に来られるようになることはあります。

⭐ 1学期に「兆し」が見えていた場合〜「その前」にできること〜

1学期にいろいろな形で「兆し」が見えていたなら、2学期を迎える前のアプローチが必要かもしれません。

❶ 1学期末の面談

1学期末の面談で，学校生活で不安なことや嫌だなと感じていることがないか聞いてみましょう。すぐに対応できる問題とそうでない問題があるかもしれません。

共感して，一緒に変えていこうという姿勢を見せるだけでも価値があります。そして，同時にその子が示してくれた「課題」には，解決のためのヒントが隠されています。

❷ 夏休み終わりのアプローチ

1学期休みがちだった子どもに対しては，夏休み終わりにちょっとした電話連絡や家庭訪問を行うことで効果が出る場合があります。ただ，担任との関係性が悪かった場合は，担任外の人に対応してもらう方がよい場合があります。

❸ 学級の状況や担任との関係性の改善

相手を変えるより，自分を変える方が実現の可能性は高いものです。子どもたちに自分の在り方をアジャストさせていくことや，教室の状況がその子に合わなければ，少しでもその子に合った環境が用意できるように考えてみましょう。

それでも

「学校に来ることが，死ぬほどつらい」と感じている子がいないとは言い切れません。

子どもに求め，無理をさせることを一番に考えることで，その子はずっと心を閉ざしてしまう可能性があります。北風と太陽ではありませんが，太陽のようにあたたかく「待つ」ということも，ある程度時間が経過した場合は，選択肢の一つと考えてよいでしょう。人生の長い一時期，どうしても集団生活にかかわらないことが必要だったということもあるかもしれません。

登校渋りの背景は様々です。その子から関心を離さず，それでもあたたかく待つということも，大切な対応の一つだということを忘れないでください。

〈登校渋りに教師ができること〉

☐登校渋りの原因を考える
- 家庭の問題だけにしてしまうと，何も対応ができなくなります。

☐3日目までの対応が効果ありと2学期がはじまる前にできるアプローチがある
- 「関心を示す」だけでも意味があります。
- 登校渋りの「背景」にアプローチします。

☐それでも，を考える
- 「待つ」という選択肢があることも，頭の片隅に置いておきます。

9月 髪型や服装の変化への気づきと対応

宇野　弘恵

 なぜ髪型や服装を気にしたがるか？

　高学年になると，子どもたちは自己意識が発展し，自分が他者からどのように見られているかに敏感になります。「自分で決めたい」「大人の言いなりにはなりたくない」という自立心も芽生え始め，髪型や服装が自分を表現する手段となります。大人のようなファッションを選ぶのも，自立した大人への憧れと言えるでしょう。

　内面的な変化に加え，身体的な変化も大きく影響します。思春期に差し掛かり，ホルモンの変化によって容姿への関心が高まります。自分の体型に合ったものを着たい，似合う髪型にしたいという思いが強くなるのはごく自然な心理です。

　また，メディアや友人からの影響で流行やファッションにも興味をもちはじめる時期でもあります。単に「流行を取り入れたい」と思うだけではなく，「周りと同じようにしたい，しなくてはならない」といった同調圧力が背景にあり，それに合わせて髪型や服装を選んでいる子もいます。

 問題を見極める

　上記を前提に考えると，髪型や服装の変化が問題行動につながるか否かの見極めポイントは三つあります。

❶ 過度な大人への反抗心

　親や教師などの周りの大人や社会のルールに過度な反抗心を抱いているために髪型や服装が大きく変化する場合があります。「自分は大人だ，コントロールするな」という意志表示をしているのです。

　この場合は，頭ごなしに注意すると，さらに溝を深めることになります。例えば，マニキュアを注意したときに，「なぜ，先生はよくて子どもはダメなのか」「小学校に校則はあるの？」「小学生らしい身だしなみって何？」「おしゃれは身だしなみでしょ？　どうしてダメなの？」

128

と返ってくるかもしれません。それに正論で返しても，納得を得ることは難しいでしょう。

❷ 過度な大人への憧れ

　大人らしさを強調しようという気持ちが過剰になると，派手なファッションや髪型になる場合があります。背景には，早く大人になりたい，大人として認められたいという気持ちがありますが，裏返すと子どもっぽさへの不安や劣等感，侮蔑が隠れている場合があります。

　この場合，ファッションや身だしなみに頓着しない子を蔑んだり下に見たりするケースがあるので，人間関係の観察が必要です。また，保護者が憧れの大人モデルとなっていることも多いので，髪型や服装の過度な変化を保護者も推奨，容認していることも少なくありません。

❸ 過度な同調圧力

　友人や仲間内からの評価が大きな意味をもつ年齢です。自分だけが違うという不安を避けるために，仲間外れにならないよう周りに合わせたファッションに変えることがあります。

　この場合，グループや友人間に力関係があるはずです。空気をつくっているリーダーは誰か，中心的立場にいるメンバーは誰かを見極めることが大切です。

〈髪型・服装の変化に際して押さえておきたいこと〉

□ 学校のガイドライン，指導ラインを明確にしておく

　教師によって対応が異なれば不信感を招きます。学校の方針を確認するとともに，子どもたちとも年度当初に共有しておきます。子どもたちが納得できる「ダメ」「禁止」の理由や考え方を説明できるようにしておきましょう。

　保護者へは，どのレベルの事例で誰がどのように伝えるのかも把握しておきましょう。

□ 背景にあることに目を向ける

　前述したように，髪型や服装の変化には何かしらの理由が隠れています。表面だけを変えさせるのではなく，その奥にある問題に目を向けなければ根本は解決しません。

□ 安心・安全が確保できない場合は躊躇せず言う

　例えば，長く引きずるようなボトムは，他者が引っかかったり踏んでしまったりして，ケガの誘発が考えられます。危険であることを伝えましょう。

　胸元が大きく開いている服も周りが困ります。活動に支障が出る場合があることも併せて伝えましょう。

【参考文献】
- 厚生労働省「思春期のこころの発達と問題行動の理解」e-ヘルスネット
- 文部科学省「3．子どもの発達段階ごとの特徴と重視すべき課題」

4月　5月　6月　7・8月　9月　**10月**　11月　12月　1月　2月　3月

学級づくりのポイント

10月

今月の見通し

半年経ったら「自分の学級」を意識する

古舘　良純

今月の見通し

学校行事
- 学習発表会
- 宿泊学習
- 秋の授業研究会

家庭との連携
- 困り感のある保護者への支援
- 宿泊学習に向けての準備連絡

学年・学級
- 100日記念日

他
- 季節の変わり目による体調不良に注意

　10月は，年度の後半に入ります。登校日数も100日目を迎える節目の多い時期です。

　さらに，2学期の折り返しに向かう時期でもあります。10月を終えると，いよいよ冬休みも見えてきます。

　また，「5月次第で6月が厳しくなってしまう」と5月の内容に記載しましたが，同じように「10月が11月の荒れ」を引き起こす可能性は十分あり得ます。よくも悪くも，その種が撒かれているのが10月だと言えるでしょう。

　5月の運動会，10月の学習発表会は，学級経営におけるチャンスであると同時に鬼門でもあると心得ておきましょう。

⭐ 改めて「なぜ思考」で問い直す

❶ なぜ学習発表会があるのでしょう

　運動会の場合は，そもそも「必要か不必要か」を問いました。このとき，多くの子は「必要」と考えている場合が多く，また「先生は必要と考えている」と潜在的に伝わっているので

この問いが有効だったわけです。

しかし，10月まで来ると，こうしたフレームが効かなくなる場合があります。半年経ち，学級のなかに関係性ができあがるからです。学級の状態によっては，「やりたくない」「面倒くさい」という空気が流れていてもおかしくない時期です。

また，運動会のように「勝敗」といった結果が見えにくく，「感動」や「熱気」といった見えない評価のなかで活動を進めるため，子どもたちにとっては伸びが見えにくく，成果もわかりにくいというのが実際ではないでしょうか。

だからこそ，他者評価ではなく自己評価に向けて「なぜ思考」を問うようにしましょう。

❷ 他責思考から自責思考へ

自己へ向けたなぜ思考は，他責から自責へのマインドセットを可能にします。「やらされている」「やらねばならぬ」から，「やることを選ぶ」「することの価値を見出す」という思考に変化するのです。

半年経つ今，後半に臨む10月，この心構えを育てておかなければ，「やらされ感」を強くしながら11月に突入することになります。子どもたちが，常に「自分」へ矢印を向けられるように指導を重ねましょう。

★ 通過点として意識する

運動会は学級対抗の意識が強かったかもしれません。しかし，学習発表会や宿泊学習は「5年生」としての一致団結が感じられるはずです。

大きな行事を複数通過することで，学級としての高まり，学年としての高まりの両面を感じられるのではないでしょうか。

そして，3学期に待つビックイベント「6年生を送る会」に向けて，また未来志向で考えていく必要があります。5月，10月，2月と，年間を通した大きな点が，太い線になっていく感覚をもたせるのです。

10月から後半に入るのは，単に折り返して下り坂を走るわけではありません。これまでの勢いをもってより登っていく意識で進むための助走だったと考えます。ある意味「攻めの姿勢」をもつわけです。

担任にこの姿勢がなければ，さらなる加速に追いつかず転倒する可能性があります。子どもたちの勢いに負けてしまう可能性もあります。つまり，11月の荒れにつながる危険性があるのです。

まだまだ，これから，そんな意識をもって10月を迎えましょう。

10月 クラスの力を高める宿泊学習

飯村　友和

⭐ 事前指導で見通しをもたせる

　事前指導で，宿泊学習では「どんなところに行き」「どんなことをするのか」子どもたちに見通しをもたせるようにします。その際，写真を見せながらだと子どももイメージしやすいです。そのために，教師が下見に行くときには写真を撮っておいたり，施設のホームページから写真を選んでおいたりするとよいでしょう。

　伝えるときの教師の態度も重要です。淡々と伝えるのではなく，表情や声などで「楽しい」ということが伝わるようにします。

　また，思春期の入り口にある5年生の子どもたちのなかには，入浴の際に体を見せ合うこと等，普段の学校生活とは違うことをすることに抵抗がある子もいます。そういう子の気持ちに寄り添えるように，マナーを守ることの大切さを全体で再確認します。

⭐ どんな宿泊学習にしたいのかを考えさせる

　「こんな宿泊学習にしましょう」と教師が与えるのではなく，子どもたちが自分たちで考えることが重要です。そのために，グループごとに次の三点を話し合います。

- どんな宿泊学習にしたいか
- そのためにする行動，増やす行動（日ごろから）
- そのためにしない行動，減らす行動（日ごろから）

　ポイントは，宿泊学習のときだけでなく，それに向けて日ごろの生活でも意識させることです。グループごとに決めたことをもとにして，学年全体のめあてを決めます。

　ここで話し合ったことはいつでも見て確認できるように，掲示しておきます。

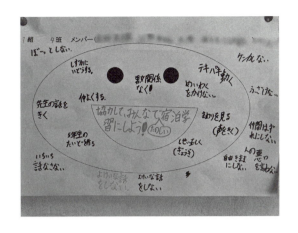

係や実行委員で活躍の場を

　部屋やグループのなかで係を決めて，一人一人に役割をもたせます。仕事をすることで，「自分が集団に役に立っている」という実感をもたせるようにします。
　また，全員が分担する係とは別に，キャンプファイヤーやオリエンテーリングなどのイベントごとに実行委員を決めます。意欲の高い子に，それぞれのイベントの準備や運営をやってもらうことで，充実感をもたせるのです。

リバウンドしないために

　宿泊学習を通して高まったクラスの力が終了とともに元に戻ってしまうということあります。これが行事後のリバウンド状態です。
　そうならないように，下のようなAとBのグラフを見せて，どちらがよいのかを考えさせます。Aは，行事をピークに力が落ちてしまっています。一方，Bは行事をきっかけにしてさらに力が伸びていっています。どちらがよいかを問うと，子どもたちはBを選びます。何も意識していないとAになってしまうことが多いのですが，それではあまりにもったいないです。Bのように宿泊学習をきっかけにクラスがさらによくなることを目指していくことを確認します。
　子どもたちに「宿泊学習後にリバウンドしないために」というテーマで作文を書かせてもよいでしょう。

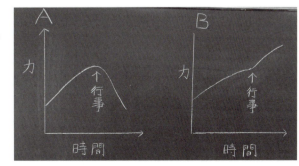

学級づくりのポイント

10月 難しい保護者への対応セオリーと順序

山田 洋一

⭐「困った保護者」とは思わない

10月になると，保護者も子どもも，今までのことが積み重なって，不満が大きく膨らむことがあります。また，担任に少し慣れてきて，要望を言いやすくなるということもあります。それらによって，この時期，担任に大きな要望を伝えてくるということは，よくあることです。

基本的には，不満がたまらないように普段から，ちょっとしたことでも連絡する，小さな成長でも伝える。担任が対応に失敗したと感じたときは，子どもが帰宅する前に，先に連絡をするということが大切です。

しかし，現実には，そうしていても保護者から，様々な要望をもらうということはあります。この要望を「困ったこと」「困った保護者」として，受け止めることは得策ではありません。なぜなら，保護者が要望を担任に伝えてくるということは，よほどのことであると同時に，何より子どもが困っているということだからです。

子どもが困っていて，保護者が連絡してきてくれているのに，「困った保護者」と捉え，改善を図らないとしたら，担任としての責務を放棄していると言わざるを得ません。

⭐ 初期対応で「決まる」

保護者からの要望に対しては，対応のセオリーと順序があります。それも，初期対応の成否によって，こじれるかどうかはほぼ決まってしまいます。次のようなものです。

❶ 初期対応(1)聞く

「何か，私に至らない点があったのだと思います」
「全部，教えてください」
「お子さんは，どう言っていますか？」
「お子さんは，どう考えているようですか？」
「わかります」
「お子さんの感じ方が，一番大切です」

❷ 初期対応⑵対応を約束する

「必ず明日，直接〇〇さんのお話を聞きます。解決方法は，〇〇さんの気持ちを聞いて，一緒に決めてもいいですか」

「(相手がいる場合）〇〇さんに事実を確認します」

「明日，〇時くらいに報告をさせていただこうと思いますが，ご在宅ですか」

❸ 初期対応⑶謝罪する

「〇〇のつもりで対応しましたが，かえって〇〇さんに悲しい思いをさせてしまいましたし，お父さん，お母さんにもご心配をおかけしてすみません」

❹ 管理職への報告⑴第１報を入れる
- 保護者からの要望をできるだけ正確に再現して，伝える（日時なども正確に）。
- 自分が保護者に約束した対応について伝える。
- 単独で対応するのか，管理職と共に，あるいは他の教員とチームで対応するのかを確認する。

❺ 子どもへの対応
- 事実確認を正確にする。
- 二人以上の子どもがかかわる事案では，通常，話を個々に聞く。
- 食い違いなどがある場合は，それをできるだけ統一する。
- 謝罪や指導をして，正しい言動について伝える。
- 個々にもう一度話をして，主に心情を受け止めるようにして，フォローをする（「本当は，こうしたかったんでしょう？」「最初は，傷つけるつもりはなかったんじゃないの？」というような対応をする。さらに，「やっぱり何か納得がいかないということは，ないかな？」と確認する）。

❻ 管理職への報告⑵途中経過を報告する
- 子どもへの対応について報告し，保護者にはこう伝えるという見通しを話す。

❼ 保護者へ報告する（子どもが帰宅前に）
- 正確に事実を伝える。
- 子どもの心情については十分受け止めていることを強調する。
- 再び心配をかけたことを，謝罪する。
- 今回の件を伝えてくれたことに感謝する。
- 「お子さんが帰ってきたら，お話を聞いていただいて，さらにご心配な点があれば遠慮なくご連絡ください」と，伝える。

❽ 管理職への報告⑶最終報告をする
- 保護者に対応した際の感触を報告する。

学級づくりのポイント

11月

今月の見通し

荒れの芽は指導不足と捉える

古舘　良純

> **今月の見通し**
>
> 学校行事
> ● 音楽発表会
>
> 家庭との連携
> ● 学習発表会関係での準備物連絡
>
> 学年・学級
> ● 学年レク…学級対抗戦やイベント
> ● 子どもたちの人間関係の変化への対応
>
> 他
> ● 教師と子どもの関係づくり
> ● 女子との関係づくり

　最近はあまり聞かなくなりましたが，11月は「荒れる」と言われる風潮がありました。「危機」とも言われていました。ズバリ「学級崩壊」の時期だということです。

　それまで，春という節目の力や行事というイベントの力で何とかなっていた学級経営が立ち行かなくなる時期だということでしょう。学級集団としてのまとまりが生まれないまま，いよいよ子どもたちがそれぞれの都合のよい価値観でモノを言いはじめるのです。

　しかし，その荒れへの対処ができないわけではありません。「学級崩壊は授業崩壊」です。授業が成立しない状態を，崩壊状態と言ってよいでしょう。ですから，一見どこから手をつけてよいかわからない状態であっても，「授業を切り口」に指導を積み重ね直す時期が11月なのです。

　それは，厳しい学級であっても，そうではない順調な学級であっても言えることです。2学期後半を迎えるこの時期に，改めて「荒れ」を見過ごさない「授業づくり」について考える必要があります。たいていの荒れは指導不足によるものです。10月に「子どもたちの自責思考」を育てたように，11月は教師自身も自責思考で授業について考えてみるとよいでしょう。

「雰囲気」を改める指導

❶ 動と静の指導

　授業が停滞しているときは，決まって子どもたちが座っている時間が長かったり，黙って聞いている時間が長かったりします。書いているだけの時間もあるでしょう。そうした受け身の授業のとき，そこに耐えられない子どもたちは「動」のアクションを起こします。話の間に割って入ってくる，立ち歩く，机に寝そべる，内職をはじめる，私語が増える……などです。

　例えば，五分に一回は「運動」を取り入れてみます。「起立，三回読んだら座ります」「考えが書けたら，先生のところにいらっしゃい」など，合法的に動かすのです。もちろん，対話的な学びにおいてグループで自由度の高い時間を過ごすことも考えられます。

　併せて，メリハリをつけて教師の指示をキチッと通す。この動と静を明確にします。なんとなく……という雰囲気ではなく，やるときはやる，やめるときはやめる，という指導にします。

❷ 一人の学びと集団の学びの指導

　また，崩れるときは子どもたちの関係性が崩れている場合があります。「あの子は……」という排他的な空気や，「〇〇さんとがいい！」と言った自己中心的な考えのまま学習に入ってしまうケースです。「いつでも・どこでも・誰とでも」を合言葉に，これまで以上に関係性を重視した授業展開を考えてみましょう。

　すると，一人でも熱心に，みんなでも白熱した学びへ向かうようになります。「自分で選びなさい」というぼんやりとした指示では，子どもたちは易きに流れます。「今は一人で」「今からみんなで」という明確な指示が必要かもしれません。

教室を客観的にみる

　どう定義するかは別として，「うまくいっている状態」であっても「厳しい状態」であっても，一度教室を遠くから眺めてみるようにします。うまくいっているのは自分の指導の賜物なのか，子どもの育ちのおかげなのか。もし自分の圧でうまくいっているようなら，それは逆に厳しい状態なのではないか。崩れているのは手を離しすぎなのか，自治的なルールが存在していないだけの「惜しい状態」なのか。

　半年経って自分の学級になっていくとき，いずれ手放すことを考えなければいけません。教室にどっぷり浸かりすぎの状態ではそれもうまくいきません。一歩引く，遠目に見る，区別する。そうした心構えが必要な時期です。

11月 「覚悟」と「情報」をもってあたる いじめ指導

南 惠介

⭐ 高学年のいじめ指導は，覚悟と情報が必要

　いじめ指導は，指導のなかでもかなり難しいと思います。いじめによって「得をしている」子がいる場合は，それをなかなか手放そうとしません。いじめられている状況が「当たり前」になっていて問題意識をもちづらい状態になっていることもあります。複雑な人間関係のこじれがもとになっているケースや隠すことがとても上手になっているケースもあります。
　簡単に解決しようとして，かえっていじめが陰湿化・過激化していくケースもあります。
　すっと解決することもありますが，そうでない場合は時間も労力も膨大に必要とします。だからこそ，いじめの指導にはある種の「覚悟」が必要となります。
　そして，その「覚悟」を解決に導いていくのが，「情報」です。
　その子を取り巻く状況を，狭く広く知っておくことが，いじめ指導の成否の鍵を握ります。

⭐ 情報を集めるために

情報を集めると言っても，以下のようないろいろな方法とその留意点があります。

❶ 教室で，そして教室以外で「見る」
　担任が授業での「人間関係」，そして授業時間以外の人間関係を見ることが基本となります。そのうえで，気になることがあれば，聞きとりを行います。

❷ 雑談のなかの聞きとり
　ことを大きくすると，保護者を巻き込んだ大事になることがあります。まずは小さく情報を集めます。この場合の聞きとりは大げさなものではなく，「〇〇さん，どんな感じ？」と休み時間などの雑談のなかで投げ掛けるくらいの感じです。
　本人に聞く場合もありますし，全体がよく見えていてその子を取り巻く人間関係から少し遠い子がいれば，そういう子を中心に聞いてみます。

専科の先生などにも「気になること」を伝えておいて観察してもらうことは必要なことです。

❸ 全体に対する聞きとり

　前年度の引継ぎや①や②などの聞きとりで，かなり確実に「いじめ」があることを確信した場合，今度は範囲を広げて聞きとりを行います。

　学級会のように聞く方法，アンケート形式にする方法，複数名の教員に協力を依頼して全体を少人数に分けて聞く方法。ケースによって「安全」で確実な方法を選びましょう。

　全体を対象にした聞きとりを行った時点で保護者にも伝わるため，ここまでの情報収集は慎重に，確実に行っていきます。

　全体に聞くのではなく，関係している子どもに絞って聞きとりを行う方法があります。同じ時間に，そして子どもたちにとっては「突然」のタイミングで聞くことが大切です。

　関係している子どもは，一人ずつ分けて，ここまでわかっている事実を提示しながら確認していきます。同時に可能であれば，当事者ではないけれど，その周囲にいる子たちへの聞きとりも行います。特に，この周囲にいる子どもたちの聞きとりは重要で，後に全体で情報の突き合わせをするときにいじめの事実に客観性をもたせることにつながります。

　このような聞きとりをもとにして，子どもたちを指導し，そして保護者に事実と今後の対応を伝えていくことになります。しかし，この情報が十分でなければ，指導がもとでひどく難しい状況に陥ることがあります。

　ここまでいろいろ書きましたが，いじめの問題は学級の問題であると同時に，学校全体の問題でもあります。つまり，いじめの解決に向けては，上に書いた聞きとりなどの情報収集，直接の対応に至るまで「複数で対応」を基本と考えて，一人で抱え込まないようにしましょう。管理職や生徒指導を中心にして「情報共有」をこまめに行いましょう。

　いじめを解決する先生は必ずしも怖さを感じる先生ではありません。先生がいじめられている子に寄り添いつつ，普段は笑顔で誰にでも優しく親切であることが解決に向けて大切な条件の一つなのかもしれません。

〈いじめ問題に対峙するために大切なこと〉

☐高学年のいじめ指導には「覚悟」と「情報」が必要
- しっかり情報を集め，計画を立てて指導しましょう。
- 一人で抱え込まず，いろいろな先生と情報共有して指導を進めましょう。

☐状況を考慮しながら，適切に情報を集め，解決に向かおう
- 観察と聞きとりが基本となります。ていねいに，より客観的に行いましょう。
- 様々な場面で複数対応が必要になることがあります。

11月 一人一人と信頼関係でつながれ！高学年女子対応

宇野 弘恵

⭐ 高学年女子対応の肝

　高学年女子問題は裏に隠れがちです。腹が立ったら殴ったり蹴ったりして直接攻撃する男子に比べ，女子は悪口や仲間外しなどの心理的な攻撃をします。低学年のうちは自分への攻撃を大人に相談できても，自尊心が高まる高学年にはできません。悪口や仲間外しを相談することは，「自分は嫌われています」と言うようなもの。そんな惨めなことを知られたくないから，高学年女子の人間関係のもつれは裏へ裏へと隠れていくのです。裏へ裏へと隠れる問題は，水面下でじわじわと大きくなっていきます。表面化したときには，もうどうにもならないほど大きな問題になっていたり修復できないほど関係が拗れていたりするものです。

　では，早期発見をするにはどうしたらよいのでしょう。それは，担任と女子一人一人が信頼関係でつながっておくことです。女子が担任を信頼するには，授業がおもしろい，学級が楽しいという基本的なことだけではありません。この先生なら私の話をちゃんと聴いてくれる，私のことを信じてくれると思えるときにしか女子は心を開きません。誰かを贔屓している，特別扱いしていると感じていたら悩みや困りごとを話してくれません。ですから，日頃からどんな子も同じように尊重し，存在の大切さを示しておくことが肝要です。

> 〈SOSを出しやすくするためのポイント〉
> □定期的に全員と面談をする
> 　２～３か月に一度，全員との面談をルーティンにします。そのときは必ず人間関係について尋ねます。仲のよい子，苦手な子，信頼できる子などを聞いておくとよいでしょう。この情報から女子の人間関係や力関係が見え，問題の早期発見にもつながります。
> □気になることはこっそり声を掛ける
> 　普段と違うな，おかしいなと感じたときは，他の子にわからないように声を掛けます。「お母さんに渡してほしいものがあるから職員室に来て」などと理由をつけておくと相談に来やすくなります。心配な子には，「お母さんからです」と言って悩みを手紙にして渡すように話しておくのも一手です。

トラブルが顕在化したら〜高学年女子対応の具体〜

❶ 傾聴に徹するのが基本

対象者すべての話を最後まで聴くことが基本です。途中で口を挟んだり否定したりせず、言いたいことを言えるようにします。記録内容を当事者たちに確認することも忘れずに。

❷ どういう形式で聴くかは問題による

女子の場合、対象者全員が一堂に会して話し合うと問題がこじれることがあります。仲間の目を気にしたり相手の出方を探ったりすることで本音が言いにくくなるからです。別室で個別に話を聴くなど、当人たちの意向に沿った形式を選ぶのがよいでしょう。

❸ 誰の肩ももたない

「先生はどっちの味方なの！？」とならないように、教師は中立な立場であることを明確にします。一方を責めるような言い方や片方の言い分だけを肯定したりしないよう細心の注意を払いましょう。

❹「握手」「仲直り」を目指さない

高学年女子の問題は非常に複雑で、嫉妬や羨望、プライドがかかわっています。「ごめんね」「いいよ」といった簡単なやりとりでは割り切れない感情が根底にあります。特に、仲良しだった友達が疎遠になる場合、これは恋愛関係の終わりに似た状況です。ですから、謝っても元通りの関係に戻ることは難しいのです。相手の気持ちを尊重しつつ、新しい関係性に適応していくことも大事な学習です。

❺ 着地点は自分たちで決めさせる

教師はあくまでもファシリテーター。どこに着地するかは自分たちで決めさせます。自分たちの問題を自分たちで解決することで、自己責任を学ぶ重要な機会となります。

❻ 最後に勇気づける

うまく問題解決してもしなくても、そのプロセス自体に価値があります。困ったときはいつでも一緒に考えサポートすることを伝え、勇気づけましょう。

【参考文献】
● 宇野弘恵著『タイプ別でよくわかる！高学年女子 困った時の指導法60』明治図書

12月

今月の見通し
学級の最高到達点を目指す

古舘　良純

今月の見通し

学校行事
- 終業式…2学期の締めくくり
- 余裕をもった評価と通知表作成
- 6年生を送る会の「見通し」をもつ

学年・学級
- 学級お楽しみ会…成長を確認する会
- 集合写真撮影…ムービーや通信に活用
- 学年レク…学級対抗戦やイベント

家庭との連携
- 個人面談…通知表所見にかわる様子報告
- QRコードで保護者の声を届けてもらう

他
- 学級閉鎖が起こりがち…手洗いうがいの喚起
- 雪の影響で休校もあり得る…学習進度の確認

　12月は,「学級の最高到達点を目指す月」と言っても過言ではありません。冬休みをどう迎えるかによって, 3学期の締めくくりが変わってくるからです。

　学習に関しては, 先送りにする単元を残さないことはもちろん, 学年で相談しながら3学期の内容を食い気味に進めてもよいでしょう。

　また, 学校によっては次年度の児童会活動選挙や委員会への振り分けを行い, 最高学年としての意識を高める時期でもあります。

　5年生は教科書もぶ厚く, 学習内容も多い学年です。そのなかで, 見通しをもって活動を進め, 余裕をもって最高学年に送り出す大切な月と言えるはずです。

★ 授業に余白をつくる

❶ 目的を明確にして全員で進める

　12月に入ると, 2学期の評価の学習内容は大体終わっているはずです。最終単元を残して12

月を迎える学級が多いと考えます。

そこで，12月の授業は前半を全員で進め，後半を自由度の高い時間に設定しながら進めるようにします。その際，単元のゴールを明確に示し，これまで以上に目的に直結した形で授業を進めるようにしましょう。これまでの学習経験を生かすことで，よりスピード感をもって授業を進められると考えます。

❷ 自由度の高い時間を生み出して調整する

また，授業後半の時間はある程度自由度の高い時間を保障します。学習内容の習熟を計ったり，場合によってはドリル関係に時間を割いたりする子もいるでしょう。個々の進度や状況に合わせて時間を使えるようにします。自ずと教師自身にも時間的なゆとりができ，個別の支援や見取り（評価）が可能になります。

この場合も，「何のためにこの時間があるのか」「どのように時間を使うべきか」をはっきり伝えておく必要があります。もちろん，これまでの指導で育っている場合は別です。

★ 6年生になる意識をもたせる

12月は，その年の最終月です。お正月を迎えると「年を越す」わけです。誰にとっても大きな節目を迎えることとなります。

きっと子どもたちにも，「来年はみんなが最高学年だよ」と言うのではないでしょうか。「来月から……」だとちょっと弱い感じがします。「6年生が卒業したら……」も，少し押しつけ感があります。「来年は」というフレーズを一番効果的に使えるのは12月だけです。

そう考えると，子どもたちにとって「そういう時期なんだ」と実感させやすい時期が12月と言えるのではないでしょうか。

そのうえで，子どもたちにも最高学年を意識させ，冬休み前の面談でも保護者に伝えるようにします。「委員長」や「児童会執行部」へ立候補してみてはどうか，リーダーとして力を発揮してほしいなど，保護者も巻き込んで子どもたちの成長を願うのです。

★ 学級の最高到達点とは

スペシャルで素晴らしい学級をつくりましょう！というわけではなく，これまでやってきた授業，学級経営のなかでピークを迎えたいという意味で捉えてください。学級内の変容を重視しているということです。12月にもなれば，様々な状況の学級が存在するでしょう。決して100点，120点を目指すわけではありません。その子，その学級，その学年で目指すことのできる最高到達点を見極め，目標としていただきたいと思います。

学級づくりのポイント

12月 レク 外国文化に触れる「クリスマス会」

⏱ 45分

ねらい クリスマスの雰囲気を味わいながら学習し、思い出に残すため。

準備物 身に着けられるクリスマスグッズ（サンタの帽子やトナカイのカチューシャなど）

飯村　友和

⭐ どんなレク？〜意義と活動内容〜

　この時期になると、町はクリスマスムードになります。子どもたちからは、「クリスマス会をしたい！」という声を聞くようになります。

　子どもたちの希望を叶えてあげたいとは思っても、5年生は学習内容や行事がたくさんあり、クリスマス会を開くための時間的な余裕などないのが現状です。しかし、「クリスマス会を開いた」ということは、子どもたちにとって思い出に残るはずです。

　そこで、外国語科の授業のなかで、「クリスマス会」と称して、歌や絵本、ゲームで、外国の文化に触れたり、学習内容の復習をしたりする活動をします。

⭐ 「クリスマス会」の流れ

❶ クリスマスの歌を歌おう。

　英語でクリスマスに関連する歌を歌います。

　おすすめは、「We wish you a merry chiristmas」です。メロディーも歌詞も聞いたことがある子も多くいて歌いやすいでしょう。

❷ クリスマスを知ろう。

　クリスマスに関する絵本の読み聞かせを聞きます。

　おすすめは、ジョージ・G・ロビンソンの『クリスマスってなあに？』（岩波書店）です。

　子どもの実態によっては、日本語ではなく、英語で書かれた絵本の読み聞かせでもよいでしょう。

❸ クリスマスの言葉を言おう。

フラッシュカードで，クリスマスにちなんだ言葉を言う練習をします。
Santa, Reindeer, Bell などの言葉を言っていきます。
❸〜❺の活動をしている間は，クリスマスソングを流しておくと雰囲気が出ます。

❹ 宝探しをしよう。

❸で使ったフラッシュカードを宝とします。
教師は，教室のいろいろな場所に宝を隠します。
子どもたちは，廊下に出て待ちます。
隠し終わったら，子どもたちは教室に入って来て，宝を探します。

❺ クリスマスバスケットをしよう。

フルーツバスケットのクリスマスバージョンです。
果物の代わりに，Santa, Reindeer, Bell などのクリスマスにちなんだ言葉にします。
「クリスマスバスケット！」の合図で全員が移動します。

衣装

サンタの帽子やトナカイのカチューシャなど，クリスマスグッズが家にある子には，持って来てもらいます。

100円ショップでも買えるので，教師が大量に準備しておいてあげると，みんなで衣装を身に着けて，クリスマスっぽい雰囲気を味わうことができます。

45分間ずっと❶〜❺のような特別な活動をしなくても，サンタの帽子を被っているだけで，通常の学習でもクリスマス会っぽい雰囲気になります。

【参考文献】
- ジョージ・G・ロビンソン文・絵，こみやゆう訳『クリスマスってなあに？』岩波書店

12月 有意義な時間を願う冬休み前の指導

学級づくりのポイント

山田　将由

⭐ 安全で有意義な冬休みを過ごすために

❶ 生活リズムの維持
　冬休み中も規則正しい生活を送ることの大切さを伝えます。特に早寝早起きです。また，インフルエンザや風邪の流行が予想される時期なので，手洗いやうがい，適度な運動と栄養バランスのよい食事の重要性も確認します。

❷ 安全健全な過ごし方
　長期休業，年末年始の事件事故について，高学年だからこそ巻き込まれやすいトラブルについての話をします。
　また，お年玉やお小遣いの使い方について話します。無駄遣いをせず，計画的に使うことの大切さを伝えます。

❸ 冬休みの計画づくりとふり返り
　冬休みを計画的に過ごすことの大切さを伝えます。計画的に過ごすことで，冬休みが有意義な時間となります。また，計画を立てることで，自分自身を管理する力も高めることができます。冬休みが終わったら，ふり返る時間をとり，よかった点や改善点を考えます。ふり返ることで，これからの生活に生かすことができます。

❹ 学びの継続
　休み中も勉強や学びを継続することの大切さを伝えます。冬休みの課題を計画的に進めることを指導します。長期休業だからこそ取り組めるものにチャレンジすることを推奨します。

❺ インターネットの使い方
　冬休み中はインターネットやゲームの利用時間が増えることが予想されます。また，インターネットによるトラブルも起こりがちです。適度な利用時間の設定と，安全なインターネット

の使い方，トラブルについて事前指導をします。

❻ イベントを楽しむ

地域で行われるイベントに参加することで，地域の人々との交流を深めることができます。地域のイベント情報を共有し，積極的に参加するようすすめます。

クリスマスやお正月の行事について，由来や受け継いでいくことの大切さも伝えます。

❼ 読書のすすめ

読書は知識を深め，心のリフレッシュにもなります。格言を紹介し意欲を高めます。

〈読書に関する格言〉

「書物の新しいページを1ページ，1ページ読むごとに，私はより豊かに，より強く，より高くなっていく」　　　　　　　　アントン・チェーホフ（ロシアの劇作家，小説家）

「本をよく読むことで自分を成長させていきなさい。本は著者がとても苦労して身につけたことを，たやすく手に入れさせてくれるのだ」　ソクラテス（古代ギリシアの哲学者）

「読もうとしない人は読めない人に劣る」　　　　マーク・トウェイン（アメリカの小説家）

「私は，時間がなくて本も読めません，という弁解を，絶対に信じない」
　　　　　　　　　　　　　　　　　　　　　　塩野七生（歴史作家・小説家・評論家）

「私がさらに遠くを見ることができたとしたら，それは単に私が巨人の肩に乗っていたからです」　アイザック・ニュートン（イギリスの哲学者・数学者・物理学者・天文学者）

「今日の読書こそ，真の学問である」　　　　　　　　　　吉田松陰（幕末の長州藩士）

学級づくりのポイント

4月 5月 6月 7・8月 9月 10月 11月 12月 **1月** 2月 3月

1月

今月の見通し
12月の勢いをそのまま「授業」に生かす

古舘　良純

今月の見通し

学校行事
- 始業式…残り50日の意識づけ
- 長期休業の作品展示会
- 授業参観（学校による）

家庭との連携
- 提出物等の確認

学年・学級
- 学級編成や6年生への意識づけ
- 長期休業明けの提出物等確認

他
- 学級閉鎖が起こりがち…手洗いうがいの喚起

　残り50日のリスタートを切る1月です（自治体によって差はありますが）。よく「行く1月」「逃げる2月」「去る3月」と言われます。それだけ「あっ」という間に過ぎ去ってしまうのが3学期。特に1月は冬休みの関係で登校日数も少ないことでしょう。
　いかに2学期までの積み上げからリスタートできるか，スピード感をもってスタートできるかが勝負の分かれ目と言えそうです。

★ 初日から「教科書」を開く

❶ その数時間が尾を引くと思え

　よく冬休み明けに「学活」として時間をとり，冬休みの思い出を紹介したり，作品紹介に使ったりします。図書室で借りた本を返却してそのまま読書の時間にしたり，新しい係活動をつくったりする時間にあてる先生も多いでしょう。
　しかし，逆算して考えるとその数分，数時間が非常にもったいないと思えます。3月末に「時間がない！」となった経験をおもちの先生方も多いと思います。それは，正確には「時間

がない」のではなく，「1月のシワ寄せ」が3月に顕在化するだけなのです。その多くは，冬休み明けの時間の使い方が悪く，3月に影響してしまっているケースではないでしょうか。

❷「授業」を優先して過ごす

　もし12月の授業イメージが残っているならば，まずは前半を教科書にあてて授業を進めてしまいましょう。その後，後半の時間を使って作品処理をしたり，図書の返却に行ったりするようにします。

　係活動も，急に変更する必要はなく，2学期末の係を1週間程度継続してもらってもよいかもしれません。2学期末に学級の最高到達点を目指していれば，きっと子どもたちはスムーズに活動するはずです。

　どう転んでも学校生活の中心は授業ですから，極端な話，始業式の次の時間から教科書を開く授業をスタートさせるべきではないでしょうか。単元の見通しや学びが促進される課題設定，子どもたちの活動がいきいきする授業デザインであれば，それ自体が楽しさにつながるはずです。授業を先延ばしにしてしまっているのは大人の都合かもしれません。

ラスト50日の見通しを立てる

　東北は冬休みが長く，3学期は「残り43日」程度でスタートする学校が多い印象です。関東は「残り53日」程度でしょうか……。

　できれば，3学期の全単元を一覧にしておくことをおすすめします。子どもたちに示すと同時に，教師サイドは「評価」も含めて把握しておくようにします。必要に応じて，テストの合計枚数も把握しておきましょう。

　子どもたちに示す際は「to do」的にタスクとして示してあげると見通しがもちやすくなります。もちろん，目的不在にならないようにしてください。

　各教科の見通しとともに，2月に控えているであろう「6年生を送る会」に関する計画も一覧で出しておくとよいでしょう。できれば授業の単元と並列にしてあげてください。拡大して教室に貼ったり，学年共通の見通しとして掲示板に貼ったりすることも考えられます。

　また，学年通信の「月予定」だけは3月まで枠をつくっておき，何か思い出したり追加したりした場合はその都度加えていくようにします。

　3学期は「回収」が難しい学期です。1学期，2学期のように，「積み残し・やり残し」を長期休業明けの4月に調整（次年度）することができないからです。授業を含むすべての学級・学年経営を完結して次年度に引き継ぐ必要があります。1月の段階で3月まで予定を見通しておくことが大切です。

学級づくりのポイント

4月　5月　6月　7・8月　9月　10月　11月　12月　**1月**　2月　3月

1月

レク
友達の多様な一面を知る「得意技発表会」

⏰ 90分

ねらい 子どもたちが特技を見合って，お互いのよさを改めて知り合うため。
準備物 子どもたちが得意技発表で使う道具や衣装

飯村　友和

どんなレク？

「得意技発表会」は，子どもたちがそれぞれ自分の得意なことをみんなの前で披露する会です。個人で発表してもよいし，グループで発表してもよいです。

子どもたちは，実に多様な面をもっています。いろいろな習い事をしていたり，いろいろな趣味をもっていたりする子もいます。いろいろな特技をもっている子もいます。それを普段の学校生活のなかで発揮できている子もいれば，そうではない子もいます。学級イベントとして披露し合う場を設けることで，普段の生活では見ることのできない友達の特技を見ることができます。そして，なかなか見せる機会がなかった自分の特技も友達に見てもらう機会にもなります。おすすめの学級イベントです。

「得意技発表会」の流れ

❶（2週間前）得意技発表会を開きます。

得意技発表会を開くことを伝え，参考のために今までのクラスでどんな得意技が発表されてきたかを紹介します。
　（例）空手の型，ダンス，新体操，バイオリン，なぞなぞ，マジック，鉄棒，
　　　　サッカーのリフティング，野球のキャッチボール，一輪車，ものまね等

❷（開催10日前）みんなは何を発表しますか？

やることが同じ子がいる場合は，グループを組ませます。
何を発表したらいいのかわからない子などは教師が相談にのります。
体育館や校庭を使う得意技を発表する子がいる場合は，調整して使えるようにします。

❸（開催1週間前）プログラムを確定しましょう。

　実行委員を募ります。実行委員は，プログラム作成，司会やはじめの言葉，終わりの言葉などを担当します。
　本番までの間に練習の時間や準備の時間をとります。

❹（当日）得意技発表会をはじめましょう。

　発表を見ている子たちの反応が大事です。大きな拍手や歓声で盛り上げるようにします。
　発表の様子は，写真に撮っておいて，学級通信に載せたり，教室に掲示したりします。

⭐ 注意

　得意技発表会を開くにあたって注意すべきことは，「やることがない」と言う子をどうするかです。
　よく話を聞いてみて，何かできることはないか教師が一緒に考えます。簡単なマジックを教えてあげたり，おもしろいなぞなぞの問題を教えてあげたりしてもよいでしょう。
　教師が一緒にやってもいいでしょう。教師とその子の個性によって，例えば先生と一緒に漫才をやったり，歌を歌ったり，合奏をしたりしてもよいでしょう。
　みんなの前で話すのが苦手な子は，家で描いてきた絵を見せたり，工作を見せたりしてもよいでしょう。
　いずれにしても，その子が「やってよかった」と思えるように，寄り添って一緒に考えることが大切です。

| 4月 | 5月 | 6月 | 7・8月 | 9月 | 10月 | 11月 | 12月 | 1月 | 2月 | 3月 |

学級づくりのポイント

1月

お話

自分の頭で考える

厳しい指導の背景には子どもの成長を心から願う気持ちがあることを知ってほしい。

宇野　弘恵

⭐ こんなときに…

　構えず，日常的な場面で教師が感じたことがあるときにこそ，子どもにお話をする機会です。例えば，昨夜見上げた星のことや今朝見たニュースなど，経験や見聞したことを通して，自分はどう感じたか，そこから何を考えたかという「自分」を語ります。教師自身の身体と心を通したものを，自分の頭で価値づけて語る。こうした生きた話こそが「いい話」として子どもの心に沁み込みます。

⭐ 指導の意図

　一般的に「いい話」として高確率で登場するのが「偉人」です。
　例えば，「○○という野球選手は，小学生のときから明確な目標を立てて努力を怠らなかった」という感動秘話。あるいは，「○○という社長が，人生には○○することが大切だと言っています」という崇高な名言にまつわるエピソード。これらは，聞き手に「すごい」と思わせるパワーをもっています。なにしろ偉業を達成した人なのですから，すごいに決まっています。我々凡人にはない稀有な経験をしているのですから，感動するに決まっています。
　「偉人」でなくとも，研究データや学術的根拠などにもそうした力があります。「○○というものは○○なものだ」という摂理や「○○によると○○と言える」というデータは，伝えたいことに説得力をもたせることができます。古今東西そうであるならがんばらねば，世界的に見てそうであれば努力せねばという危機感を喚起するにはうってつけのアイテムです。
　さて，こうしたお話は恐らくすべて素晴らしいのでしょうが，すべて借り物です。教師自身の経験や見識ではなく，他者から得たものです。「自分はこんなすごい話を知っている」と，偉人の威を借りて子どもを思い通りに動かそうとする意図さえも感じてしまいます。
　そんな借り物の「いい話」で，子どもを本当の意味で感化することなどできません。教師自身が日常，経験や見聞したことを通して，自分はどう感じたか，そこから何を考えたかという「自分」を語ることが大切です。

こんなことを言うと，自分には人様に語れるような凄い話はないとおっしゃる先生がいるかもしれません。あるいは，自慢話のようで嫌だと考える先生もいるかもしれません。でも，そんなことはありません。すごい話などしなくてよいのです。自慢できるような立派な経験じゃなくてよいのです。

　ご自分の失敗や後悔，あるいは悲しい経験や楽しい思い出について語ってよいのです。子どもの頃のエピソードや出会った人たちのこと，よく聴いた音楽や好きだった遊び，初恋や失恋の話だってよいのです。

 お話

　私が小学校1年生のときの話です。
　入学して間もないころ，国語のテストがありました。確か「3びきのこぶた」だったと記憶しています。
　問題のなかに，「正しいのはどれですか。次の①，②，③から一つ選んで丸をつけなさい」というものがありました。私はさっと考えて①に〇をつけて出しました。
　テストが返ってくると不正解。なんだ，①じゃないのかと思い，私は②と直して先生のところに持って行きました。しかし，②も×。これはもう③しかないねと思い，すぐに先生のところに持って行きました。
　ところが，先生は，これにも×をつけたのです。①でも②でも③でもない。いったいどういうことでしょうか。私は先生に，どれも不正解とはどういうことかと抗議しました。先生が間違っているのではないですかと。
　先生は，私の顔をじっと見て，全部不正解にした理由を話してくださいました。いったい，どうしてだと思いますか。隣の人と少し話してみましょう。

　弘恵，あなたはちゃんと考えて答えたのかい？　そうじゃないでしょう？　さっと見て答えを書いて，間違っていたからこれにしようと選んだだけでしょう？　そういうのは，ちゃんと考えたとは言わないの。適当にやったということなの。さあ，もう一度ちゃんと自分の頭で考えてから持っていらっしゃい。

　私は，「自分の頭で考える」という大切なことを先生から教わりました。1年生だからと甘やかさず，学ぶということの本質を教えてくださった先生に今でも感謝しています。
　厳しさの背景には，その人の成長を心から願う想いがあることを，私はこのとき初めて理解しました。

学級づくりのポイント

4月　5月　6月　7・8月　9月　10月　11月　12月　1月　**2月**　3月

2月

今月の見通し
5年生を全うする

古舘　良純

今月の見通し

学校行事
- 6年生を送る会
- 異学年交流

学年・学級
- 単元のまとめ，学力の定着
- 通知表の作成開始
- 指導要録の作成開始

家庭との連携
- 必要に応じて次年度の相談
- 通信で一年間の感謝を伝える

他
- 学級閉鎖が起こりがち…手洗いうがいの喚起
- 学級編成事務
- タブレットの中身を整頓しておく

「逃げる2月」と言われるように，2月ほどあっという間に過ぎてしまう月はありません。そもそも登校日数も少なく，同じ1か月として数えるにはあまりにも短い月です。カウントダウンをしていれば「残り30日」を切ってしまう月でもあり，否が応でも「お別れ」を意識してしまうでしょう。

次年度への期待と不安が入り混じり，そんななかで一大イベントである「6年生を送る会」を控えた2月は，目一杯「5年生」を全うさせることを意識して臨みたいものです。

★ 最高学年にふさわしい5年生となる

❶ メインイベントを仕切る

いよいよ6年生を間近に控えた2月ですが，まだ5年生が終わったわけではありません。むしろ5年生としての力が試される月だと言ってよいでしょう。先生方にも「来年の6年生」として見られるため，様々なプレッシャーが掛かると言えます。

きちんと全校を仕切る姿を示すことが何よりの信頼となり、「最高学年を任されても大丈夫」と自信をつけるきっかけにもなります。

表向きは「イベントの裏方」という位置づけの「6送会」ですが、「次年度のリーダー」としての力を発揮する会と言っても過言ではないからです。

❷ 感謝を伝える

「6年生を送る会」を成功で終えられるのは、全校の協力があってこそです。その事実へ目を向けず、自分たちの力だけで会を成功させたと過信してはなりません。5年生の仕事は、会が終わっても続きます。各学年への感謝の気持ちを伝え、「協力してもらって助かった」と、「頭を下げる姿」を下級生に示すのです。

もちろん、先生方にも同様です。自分たちの提案を受け入れていただいたこと、自分たちのサポートに徹してくださったことに感謝の気持ちをもたせたいものです。

充実度と意欲は比例する

5年生として臨む一大イベントは、子どもたちの生活において充実度を高めます。取り組みの2～3週間は、各教科の授業そっちのけで準備に奔走する場合があるかもしれません。

しかし、この充実度があれば、自ずと学習（各教科）に対する意欲も向上します。日常生活が満たされているからこそ、その意欲が派生して様々な学習活動に好影響を及ぼすのです。

一般的に5年生の学習内容（単元）は多いと言われます。教科書を重ねたときの高さにも驚きます。しかし、2月までの育ち、そして充実感があれば、子どもたちにとってその学習内容は容易にクリアできる状態にあるはずです。

いよいよ最高学年になろうとするこの時期、いわゆる「詰め込み」の形で学習を「消化」させてしまうのは大変もったいないことです。

「みんなと何かをするのは充実することだ」「みんなと力を合わせるのは尊いことだ」「みんなで学び、勉強するのは楽しいことだ」と、学校生活に対する突破口を見出していくのが2月という月ではないでしょうか。

そうでなければ、学校は「やらされる場所」であり、「詰め込まれる教室」に成り下がり、本来5年生で全うすべきことができないまま6年生に進級させてしまうことになります。

行事も、学習も、5年生としての節目をきちんとつくる2月にしていきたいと思います。5年生を全うしてこそ、6年生としてのスタートが可能になるのです。

2月

学年への負担を減らすも5年生を鍛える「6年生を送る会」

古舘　良純

 ### 学年の負担を最小限にする提案

〈段取り（令和5年度に実際行った提案内容）〉
①3校時（45分間）で終える集合型の提案とする（規模縮小）
②1年生メダル・2年生招待状・3年生オープニング・4年生クロージング・5年生進行＆会場準備（低学年は学活や図画工作科，中学年は体育科や音楽科の指導のなかで準備）
③会のなかで学年ごとに「ありがとうございました」だけを伝える練習をお願いする。十秒程度でよい（全体で集まる負担を減らす）
④学級からセリフを言う子を二名ずつ集め，四十名弱で一つの呼び掛けを行う。指導はすべて担当（5年担任）が行い，各学年，担任の負担はない（顔合わせ，会議室，体育館での三回の練習で終える）
⑤「今月の歌」を朝の会等で歌っておいてもらい，特別に何かを練習する必要はない

　上記の内容は，実際の6年生を送る会の提案内容です。「各学年からの出し物」が一番の負担になります。そして，負担とはわかっていてもやるとなったら時間を掛けてしまうのが教員の性です。そして，当日までそれぞれブラックボックスになっています。そこで，「学年からの出し物」を削り，④の「全体呼びかけ」を位置づけたことで一体感が出て，見通しのある会の運営になるため，時間配分もきっちりできて時間内に終えることが可能です。

 ### 5年生を鍛える場にする

　6年生を送る会を企画運営する「5担」は，かなりの高確率で残業しています。規模を縮小し，見通しのある提案をすることで大人も子どもも負担を少なくできます。また，することが明確になり，子どもたちを育て，鍛えることができます。学年の調整や準備に時間が掛からない分，実行委員の子らに仕事をふって「子ども主体」の会を開催することが可能です。

６年生を送る会　プログラム№8詳細について

古舘

№8「６年生へ贈り物（写真を使ったよびかけメッセージ）」について

- ■時間　・15分間
- ■準備　・写真40枚程度（１枚につき15秒程度）
  - ・各学級２人（ステージ上からマイクで話す子）…１年８人・２年８人・３年８人
    計40人程度　　　　　　　　　　　　　　４年６人・５年６人・支援４人※相談
- ■内容　・写真１枚に対して「価値づけ」を行い「憧れ」を伝えたり，「希望」をもったりできるようなメッセージを伝える。（選抜の子１人１メッセージ）
  - ・学年代表８人が言い終えたら，学年全員で感謝の言葉を伝える。
- ■練習　・選抜された２人のセリフは，実行委員会で考えて割り振ります。練習も実行委員と行うので，指定された練習日（若タイ）に子どもを送り出してください。
  - ・学年で揃える言葉だけ，どこかで学年練習をお願いします。
- ■イメージ（仮）

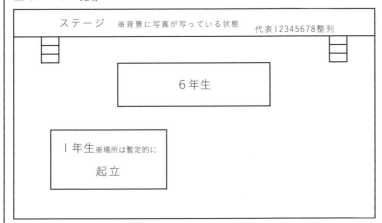

【大まかな流れ】
1. ６年生はステージ向き
2. スクリーンに投影
3. 該当学年は起立
4. 代表がステージ整列
5. メッセージ開始
6. 終了後着座
7. 次の学年起立
8. メッセージ開始
9. 繰り返し

【学年ごとのイメージ】（仮）

学年起立
１人目…
２人目…
３人目…
４人目…
５人目…　　※写真に対するメッセージをよびかけ形式で発表していく。
６人目…
７人目…
８人目…
学年全員…
学年着座

子どもたちがロイロノートで作った提案書。代表委員会で提案し，全校に配付

学級づくりのポイント

2月 学年末テストを利用した学力の定着

藤原　友和

学年末テストに向けた指導のポイント

　5年生の学習内容は，小学校のなかでも最も量が多いという話をよく聞きます。最高学年の6年生が質・量ともに多くなりそうなイメージがありますが，実は卒業に向けた単元では新たな学習内容を追加するというよりも，復習や「仕上げ」として位置づけられているため，学習内容の量は5年生が最も多くなるようです。

　そのような5年生ですので，教科書を終わらせること自体に大変なエネルギーが必要になります。2月に学年の総まとめと学力定着に向けて取組を進められるとしたら相当に計画的な指導がなされてきた証拠です。ですから，基本的には「無理をしない」ことが大切です。ようやく一年間の終わりも見えてきた2月に，さらに新しいことを加えようとしても負担感の方が大きくなるでしょう。

　それでもやるとするならば，前述のように「計画的に」かつ「負担感が大きくならないように」進めるしかありません。ということは，年度末が近づいてから急に取り組みはじめるのではなく，「普段から」仕掛けておくことが大切です。つまり，「自らの学びの軌跡が残るシステムづくり」を年度のはじめからやっていくことが前提となります。

⭐ アーカイブシステムをつくる

　要は「ポートフォリオをつくる」わけですが，「1人1台端末」時代です。紙ベースのアナログなポートフォリオ（ノート，ワークシート，小テスト，単元テスト等）と端末を活用したデジタルなポートフォリオ（スプレッドシート，クラスルーム，サイト，ドキュ

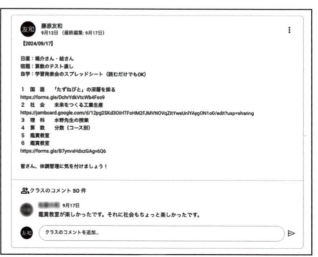

メント等）を併用して，自分がどのような学びを辿っているのかについていつでもふり返りができるようにしておきます。例えば，私はGoogleクラスルームのストリームを使って，「一日の予定」「自分のめあて」「授業で使う共有リンク」「一日のふり返り」等を一元的に管理しています。ストリームを遡ると学習の記録にいつでもアクセスできるので，ふり返りがしやすくなっています。

学年末テストに向けてどのように計画を立てるか

❶ 自分の「現在地」を把握できるようにする

　これまでの制作物やテストを閉じたファイル，単元テストの集計表を参照しながら，自分の学習状況について，「よく身についている学習内容」と「定着が不十分である学習内容」とに分けて把握します。そして，重点的に復習する学習内容を決めて，学年末テストに向けた復習の計画を立てられるようにします。このとき，年間指導計画の単元一覧表を子どもたちに渡しておいて，学習内容の系統をつかみやすくしておくと，計画が立てやすくなります。例えば，以下のような会話を子どもたち同士でできるようになるとスムーズに進みます。
「分数の足し算と引き算で点数が低かったのは，通分がよくわからなかったからだ」
「ということは，その前の公倍数，公約数の復習からしないといけないんだね」
「かけ算は大丈夫？」
「実は7の段がちょっと怪しい……」
　こうしたやりとりを子どもたち同士でできるようにするためには，単元テスト（カラーテスト）を終えるたびに，間違えた問題の分析と再学習に取り組む必要があります。
　私のクラスでは，宿題として間違えた問題にもう一度取り組むとともに，自分の間違いについて「ケアレスミス」「未修得内容」に分けてノートにまとめるようにしています。前者については自覚できればよしとしていますが，後者については自分だけの力で克服するのは難しい場合が多いです。そこで，長期休業中の学習開放等を利用して無理のない範囲で復習するように助言しています。もちろん家庭の協力も必要となるところです。

❷ 二週間分の家庭学習計画を立て，記録する

　私の勤務する自治体では，中学校の定期テストに合わせて「家庭学習強調週間」を設定しています。中学校ではこの期間は部活動も中止し，テスト対策の学習に取り組むことになっています。同様に，小学校でも二週間分の学習計画を立てます（ワークシート，あるいは表計算ソフトを使用するとよいでしょう）。勤務校ではAIドリルが導入されていますので，重点的に取り組む学習内容を決めた後，「いつ」「どのような内容を」「どれくらい」復習するのか決めて取り組み，記録をとります。

学級づくりのポイント

| 4月 | 5月 | 6月 | 7・8月 | 9月 | 10月 | 11月 | 12月 | 1月 | 2月 | **3月** |

3月

今月の見通し

いい別れがいい出会いを生む

古舘　良純

今月の見通し

学校行事
- 卒業式
- 修了式

家庭との連携
- 通信等で感謝を述べる
- 場合によっては進級に関する説明

学年・学級
- 各教科の単元を終える
- 通知表の作成
- 指導要録の作成
- 学級解散パーティー

他
- 学級閉鎖が起こりがち…手洗いうがいの喚起
- 次年度の学級編成
- 教室の明け渡し

　いよいよお別れの月を迎えます。多くの学級でカウントダウンがはじまることでしょう。そのカウントダウンが尊いのは，これまで200日近くカウントアップを続けてきたからです。

　しかし，時間は待ってくれません。日々終わりに近づきます。泣いても笑っても，あと数日です。

　そこで，別れを惜しむだけではなく，「きちんと別れる」という感覚を子どもたちに伝えるようにしましょう。自分のなかできちんと折り合いをつけた別れができれば，次の出会いもより尊いものになるということです。過去に依存して進級させるのではなく，確かな「終わり」を告げる3月にしましょう。

★ おかげさまとお互いさま

　こうやって3月を迎えることができたのは，子どもたちのおかげです。偶然集まったメンバーが，一つの教室で一年間過ごせたという事実は，全員のおかげなのです。

もちろん，子どもたちや保護者は「先生のおかげ」と言うかもしれませんが，同じように私たちも子どもたちや保護者のおかげでここまで走ってくることができました。そう考えると，誰一人欠けてよい子はおらず，この学級のメンバーだからこそ生まれた化学反応があったはずです。

　例えば，各行事を振り返ってみましょう。例えば，係活動を振り返ってみましょう。例えば，何気ない毎日の授業の一コマを思い浮かべてみましょう。そんな一つ一つが，3月の今なら尊いと感じられるはずです。すべてが3月に通ずる通過点だったのです。

　そのエピソードには，「○○さんのおかげ」がたくさん詰まっているはずです。すべての成長に個々が紐づいているはずです。それらを「お互いさま」のこととして共有し，過去を過去として区切るとよいでしょう。

★ 「今が一番楽しい」と言える毎日に

　よく6年生を卒業させるときに伝える言葉ですが，「今が一番楽しいと言える毎日を過ごしてください」と言って中学校に送り出すようにしています。これを裏返すと，「小学校はよかったと言って過去を美化するような毎日を送るな」というメッセージになります。

　同じように，5年生を終える今，「6年生が楽しみ」であるべきです。「早く6年生になりたい」と言うべきです。

　過去にしがみついて，今を惰性で生きるようなことはさせたくありません。常に更新される「今」を楽しめるようになってこそ，別れも出会いも充実します。

　また，もし今を楽しめないような状況にある先生は，とにかく感謝の気持ちをもつようにしましょう。悲観的な考え方のようですが，担任は1年間で完結する仕事です。4月には新しい出会いを迎えることができます。

　この一年間の経験が確実に来年度の力になります。もしかすると，自分には向いていないのではと思ってしまうかもしれませんが，そんなことはありません。子どもたちによって未熟な自分を知ることができた一年，改善の余地があることを痛感した一年だとすれば，これ以上の学びはないはずです。

　そして，他の職業とは違って，ある意味一年でリセットして出直せる貴重なお仕事が担任業ではないでしょうか。

　そう考えると，どんな状況で3月を迎えようと，すべてが学びとして修められる月が3月です。「日日是好日」と考えるようにしましょう。

3月 見える化と共有で「いいね」を次年度につなげる指導

山田 洋一

⭐ 「クラスの感じ方」を，シェアし合う

　まずは，年度が変わっても，変わってほしくないところがあるはずです。いつまでも，担任として，大切にしてほしい事柄，これを話しましょう。

　次に，子どもたちに次のように投げかけてみます。

　「この５年〇組って，どんなクラスだと感じているか。話してほしいんだけど」

　そして，一人ずつ話してもらいましょう。子どもたちは，「困っていたら，必ず声を掛けてくれるクラス」「泣いている人をそのままにしておかないクラス」というようなことを語ってくれるでしょう。

　それを聞きながら，「それは，どうしてそうなれたの？」というように質問します。これに答えるのは，話した本人でもよいし，周囲の子でも構いません。

　子どもたちが，今後どのような集団に所属したとしても，その集団をよくするには，「どうすればよいのか」を明らかにできるように質問していきます。

⭐ 「今だから言えること」を，シェアし合おう

　子どもたちに自分たちのクラスの「よさ」を話してもらう一方で，ちょっぴり自己開示もしてもらいましょう。

　「『今だから言えること』，これを話してもらおうと思うんだけど……じゃ，まずは私から！実は，みんなに『整理・整頓しましょう！』と呼び掛けているのに，私の机の引き出しはぐちゃぐちゃでした！　ごめんなさい！！！」

　子どもたちからは，笑いが漏れたり，「私，知っていた！」のような声が聞こえてきたりします。

　全員ではなくてよいので，ぜひ，何名かに話してもらいましょう。

　楽しい雰囲気になるのはもちろんですし，自分の失敗を自分から開示できるようなマインドをもってもらうというのも価値のあることです。これも，次年度へとつなげたいことです。

来歴を見える化する

　子どもたちが持っているパソコン端末，これを１年の締めくくりに使わない手は，ありません。

　子どもたちが今まで撮りためた写真や作品を，みんなが見られるような形で集約していきます。共同編集可能なアプリを活用して，例えば「４月」「５月」……や，「１学期」「２学期」……のようなラベルをつけて，子どもたちに写真をアップロードしてもらいます。

　そうして集まった写真たちに，「いいね」やコメントをつけてもらうように，さらに子どもたちにお願いをしておきます。

　このなかで，最も「いいね」が多いものをプリントアウトして，教室の壁に貼っていきます。教室のなかを，学級経営終末に向けて演出していきます。

 ## 掲示板で不安を共有し合う

　６年生になるときに，クラス編成が行われる場合と，そうではない場合がありますが，ここでは，そのどちらにも対応できることを紹介します。

　「６年生に向けて，不安なことを」様々な共同編集可能なアプリを使って，子どもたちに共有してもらいます。

　「勉強が難しくなるかもしれないから心配」「クラス替えがあるから，仲良しと分かれるとつらい」というような書き込みが並びます。

　それに対して，コメントをつけ合うことを可能にしておきます。そうすると，「私も！」とか，「おんなじ」とかいうようなコメントがつきます。

　もちろん，不安解消のアイデアも書き込みできるのですが，ここでは不安を共有するということ，それ自体が大事です。

　子どもたちにとって，最も強い不安というのは，「こんなことで悩んでいるのは，自分だけかもしれない」という孤独感から生まれてくるのです。

　それを解消することが，この掲示板のねらいです。

〈学級経営終末期のポイント〉
□成果の共有
□適度な自己開示の奨励
□学級の来歴のふり返り
□進級への不安の共有（解消ではない）

学級づくりのポイント

4月　5月　6月　7・8月　9月　10月　11月　12月　1月　2月　**3月**

3月

レク
思い出にスポットライト「学級解散パーティー」

⏱ 45分

ねらい　一年間の楽しかった思い出や成長したことにスポットライトをあてて，あたたかい気分で5年生を終えるため。

準備物　子どもたちの写真（スライドで見せるもの），クラスの集合写真（プレゼント用）

飯村　友和

⭐ どんなレク？

　学級解散パーティーは，一年間の最後に，楽しかった思い出や，成長したことにスポットライトをあてるために実施します。
　したがって，内容は「成長したことコーナー」と「楽しかった思い出コーナー」の2本立てで考えます。
　子どもたちが準備をする時間が必要なので，開催2週間くらい前には子どもたちに伝えるようにします。
　「成長したことコーナー」と「楽しかった思い出コーナー」のそれぞれで全員が発表できるようにします。

⭐ 成長したことコーナー

この一年間で成長したこと，できるようになったことをみんなの前で発表します。
教科ごとにグループを組んで発表します。
例えば，次のようになります。

国語チーム：音読発表
算数チーム：小数のわり算の計算問題を黒板で説明する
体育チーム：なわとびの技を実演する
図工チーム：描いた絵を見せる
音楽チーム：リコーダーで演奏

楽しかった思い出コーナー

「楽しかった思い出」コーナーでは,「思い出クイズ」がおすすめです。

これは,4月から3月までのそれぞれの月ごとに担当者を決めて,楽しかった思い出にまつわるクイズを考えて,それに答えるものです。

例えば,次のような問題が出されます。

　4月担当者
C:4月の5年生最初の日に,飯村先生がギターで弾いてくれた曲はなんでしょうか?
　6月担当者
C:6月に行った宿泊学習のキャンプファイアーで踊った曲はなんでしょうか?

すべての月のクイズを出し終わったら,教師がそれまでに撮った写真をスライドショーにして見せるとよいでしょう。子どもたちの笑顔いっぱいの写真にBGMをつけます。みんなで見て,一年間をふり返ります。

他にも,「思い出ベスト10」や「思い出ジェスチャークイズ」などをやっても楽しくふり返ることができます。

サプライズミニプレゼント

最後に子どもたちにサプライズでミニプレゼントを渡します。

おすすめは,手作りの下敷きです。

クラスの集合写真をB5の紙にプリントアウトします。

それにメッセージを書いた紙を合わせて,ラミネートをかけたら完成です。

簡単にできます。

なお,他のクラスの子どもに不公平感をもたせないために,事前に学年の先生方には相談,報告をするようにします。

簡単にできるものなので,他のクラスの先生と一緒に作るとよいでしょう。

授業づくりのポイント

国語
学習の要所と指導スキル

瀧澤 真

⭐ 学習内容例

月	学習内容例
4月	● 詩を読んだ感想を友達と共有し，自分の考えを広げる（「かんがえるのって，おもしろい」）。 ● 文と文の接続の関係，話や文章の構成について理解する。
5月	● 話の内容を捉え，話し手の考えと比較しながら，自分の考えをまとめる。 ● 原因と結果など，情報と情報の関係について理解する。
6月	● 日常よく使われる敬語を理解し，使い方に慣れる。 ● 古文を音読するなどして，言葉のリズムや響きに親しむ（「竹取物語」など）。
7月	● 目的や意図に応じて，感じたことや考えたことから書くことを選ぶ。 ● 読書に親しみ，読書が自分の考えを広げるために役立つことに気づく（「モモ」）。
9月	● 比喩や反復などの表現の工夫に気づく（「われは草なり」）。 ● 互いの意図や立場を明確にしながら，話し合う。
10月	● 事実と感想，意見などとの関係を押さえ，要旨を把握する。 ● 人物像や物語の全体像を想像したり，表現の効果を考えたりする（「たずねびと」）。
11月	● 共通語と方言との違いを理解する。 ● 古典について解説した文章を読み，昔の人のものの見方を知る（「御伽草子」）。
12月	● 筆者の説明の仕方の工夫について，考えをまとめ，話し合う。 ● 伝記を読み，自分の生き方について考えたことを交流する（「津田梅子」）。
1月	● 詩を読み，好きなところやその工夫について話し合う（「土」など）。 ● メディアとのかかわりについて自分の考えを文章に書く（「想像力のスイッチを入れよう」）。
2月	● 相手や場に応じた適切な言葉を選び，手紙を書く。 ● 読み手を意識して，構成を考え，物語を書く。
3月	● 事実と感想，意見を区別して，説得力のある提案をする。 ● 物語の魅力を見つけ，自分の言葉でまとめる（「大造じいさんとガン」）。

身につけたい力

　国語科で身につけさせたい力をシンプルに示せば，学習指導要領にあるように「話すこと・聞くこと」「書くこと」「読むこと」，それぞれに関する能力ということになります。
　国語科の目標は２年ごとに示されますので，５年生と６年生の目標は同じです。
　つまり，小学校ではここまで身につけさせたいという能力を，２年間かけて培っていくことになります。
　では，具体的にはどのような力を身につければよいのでしょうか。

〈話すこと・聞くこと〉
- 自分の考えをはっきりと伝えられること。
- 相手の話の意図をつかみ，自分の考えと比較すること。
- 互いの考えを尊重しながら話し合うこと。

〈書くこと〉
- 筋道の通った文章となるように，文章全体の構成や展開を考えること。
- 事実と意見，感想などを区別して書くこと。
- 引用したり，図表やグラフを用いたりして，自分の考えが伝わるように工夫すること。

〈読むこと〉
- 文章全体の構成を捉え，要旨を把握すること。
- 目的に応じ文章と図表を結びつけるなどして必要な情報を見つけること。
- 人物像や物語などの全体像を想像したり，表現の効果を考えたりすること。

教材内容と教科内容の違いを意識しよう

　特に物語の学習などで言えることですが，例えば「大造じいさんとガン」で，「大造じいさんは，残雪のどこに一番のすごみを感じたのだろうか」という発問をしている授業がありました。このように，この教材だけに関係するのが「教材内容」の学習です。
　これが社会科ならば，教材内容を学ぶことがメインになることもあるでしょう。しかし国語科では，いくら「大造じいさんとガン」の内容に詳しくなっても，それで国語科の読む力がついたとは言えないのです。
　国語科として教えるべき内容，つまり教科内容の指導も重要なのです。
　５年の読むことで身につけさせたい力に，「表現の効果を考える」があります。まさにこれが教科内容に該当します。先の「大造じいさんとガン」で言えば，戦いの場面とその他の場面では，文章の書き方が変わります。

そこで、子どもたちに、「どんな風に変わるでしょうか」と問います。すると、「一文が短くなっている」ことに気づくでしょう。さらに、「なぜ作者は一文を短くしたのでしょうか。その表現効果は何でしょうか」と問うことで、教材内容に迫ることができます。

⭐ 発問型授業と言語活動型授業をバランスよく行おう

先に挙げたのは、発問型授業です。教師が発問し、それについて子どもたちが解を考えるというものです。多くの人がこうした授業を経験しているでしょう。いわば、伝統的な授業と言えます。

この授業は以下のようなパターンで行います。
- 学習範囲を音読する（教師が範読したり、子どもたちに読ませたりする）
- 教師がここがポイントだと思う部分について発問する
- 子どもたちが各自で発問に対する解を考える
- 話し合い、どれが正解か考える
- 学習のまとめを行う

授業は、メインの発問およびいくつかの補助発問で構成されることが一般的です。例えば、「大造じいさんとガン」では、次のように進めていきます。
- 大造はおとりのガンをどのように世話していましたか（補助発問）
- 残雪はどのように世話していましたか（補助発問）
- ではなぜこのように世話の仕方を変えたのでしょうか（メインの発問）

こうした発問型授業の場合、発問の善し悪しが授業の質を大きく左右することになります。

ただし、現在の学習指導要領では、「言語活動を通して」という文言が入っています。実際の生活で使える生きた国語力の育成には、発問型授業では不十分だという批判があるためです。

では、言語活動型授業とはどのようなものでしょうか。

学習指導要領の5・6年生に示された活動例を見てみましょう。
- インタビューなどをして、必要な情報を集めたり、それらを発表したりする活動（話すこと・聞くこと）
- 短歌や俳句をつくるなど、感じたことや想像したことを書く活動（書くこと）
- 詩や物語、伝記などを読み、内容を説明したり、自分の生き方などについて考えたことを伝え合ったりする活動（読むこと）

ここで大切なのは、5・6年生ならば、これらの活動を行う際に目的やその意図を明確にするということです。

発問型授業には，明確な相手や目的などはありません。
　誰のために発問について話し合うのか，また，なんのために解を考えるのかということがあいまいです（強いて言えば，自分の読みを深める，ということでしょうか）。
　しかし実際の生活では，言葉を使うときには何かの目的があるはずです。
　ですので，単に想像したことを書けばいいのではなく，どんな目的で書くのか，誰に読んでもらうのか，どんなことを伝えたいのか，その意図は何かということを明らかにしながら言語活動を行わせることが大切です。

　では言語活動型授業はどのように行うのでしょうか。
　その一例を紹介します。
- どんな言語活動なのかを知る（1時間）
（例：おすすめの宮沢賢治作品を紹介するポスターを作る）
- 共通教材を使い，全員で同じ言語活動を行う（3時間）
（例：「雪わたり」を読み，全員で物語紹介のポスターを作る）
- 各自が選んだ作品で言語活動を行う（3時間）
（例：宮沢賢治の作品を多読し，作品を一つ選ぶ。その作品を各自でポスターにする）
- 作品を紹介し合い，活動をふり返る（1時間）
（例：ポスター作りに必要となったキャッチコピーの作り方などをふり返る）

　このように言語活動型授業は，1時間完結の授業ではなく，何時間か掛けてひとまとまりの単元として進めます。また，言語活動を行わせる際には，あらかじめ教師がお手本となるもの（モデル）を作成し，それを参考に作らせることが一般的です。

　以上，発問型授業と言語活動型授業を紹介しました。指導要領では言語活動を通してとしていますが，いつも大がかりな言語活動をしていては指導時間がたりなくなってしまいます。そこで，時には発問型授業で進めたり，小さな言語活動で済ましたりするなどの工夫が必要です。
　また，言語活動型授業には，「活動あって指導なし」，つまり活動だけしていて何も学びがないという批判もつきものです。ですので，「事実と意見，感想を区別して書けるようにする」など身につけさせたい力を明確に意識し，時には教師主導で進める場面をつくるなどの工夫も必要です。

【参考文献】
- 瀧澤真著『国語の授業がもっとうまくなる50の技』明治図書
- 文部科学省「小学校学習指導要領（平成29年告示）解説　国語編」

授業づくりのポイント

社会
学習の要所と指導スキル

古舘　良純

⭐ 学習内容例

月	学習内容例
4月	● 日本の国土と世界の国々 ● 国土の地形と気候の特色
5月	● 低い土地のくらし／高い土地のくらし ● あたたかい土地のくらし／寒い土地のくらし
6月	● くらしを支える食料生産 ● 米づくりのさかんな地域
7月	● 地域の産業調べ ● くらしを支える工業生産
9月	● 自動車をつくる工業 ● これからの工業生産とわたしたち
10月	● 情報産業とわたしたちのくらし
11月	● 情報を生かす産業
12月	● 情報を生かすわたしたち
1月	● 自然災害を防ぐ
2月	● わたしたちの生活と森林
3月	● 環境を守るわたしたち

身につけたい力

❶ 事実を引用する力

　日本全体を規模とした学びがスタートします。国土の学習では，東西南北の島を学び，「何県の〇〇島」を学びます。実際に行くことはできません。あたたかい地域，寒い地域では，北海道と沖縄が比較されます。これもまた実際に出向くことはできません。

　そうなると，地図上の位置（経度・緯度）が引用されることになり，年間平均気温が引用されることになり，降水量や台風の情報なども気象庁から引用されることになるでしょう。実際の街並みや生活の様子を調べながら，事実をもとに学習を進めていくことになります。

　米づくりや水産業は，地元の学習につなげることはできますが，その際も事実を引用することが重要です。一般的な事実と地元の事実との共通点を見出していくことが学びにつながるはずです。

❷ 事実から考察する力

　インターネットが子どもたちの手元にある今，情報を集めることは容易いことです。調べれば簡単に事実が手に入ります。理科で気象庁のHPに触れていれば，より天気に関する事実はアクセスしやすいでしょう。

　しかし，それでは全員で調べて全員で同じ答えを見つける一斉授業と何ら変わりません。情報に触れた子どもたちが，その事実から「何を考えたか」が大切なのです。情報と情報を掛け合わせて「なるほど」「だからか」「そうなんだ」を生み出したいのです。

　例えば，「沖縄は台風の影響を受けやすい」という情報と「石造りの家が多い」という情報を掛け合わせて，「台風の被害から守るための石造りの家」という解に辿り着くような思考です。気候と農産物，寒暖差と米作りのような関係です。

　与えられた情報をそのまま暗記するようなことではなく，「なぜ」「どうして」と考察する力が，見えないものを見る力になります。

❸ 意見をつくりだす力

　情報を得て考察できたら，最終的には「自分ならこうする」という意見をつくらせます。

　例えば，「北海道と沖縄ならどちらが暮らしやすいか」「低地と高地なら……」「日本で一番重要な産業は」「米づくりはすべて機械化すべきである」「便利な情報社会に賛成である」など，社会に対する自分の意見をつくる力を身につけさせましょう。

　物事に対する自分の意見をつくれるようになった子は，6年生における社会科の学習でもその見方が変わってきます。

気づいたことを五分間で書き出す

　最初から「事実」を見つける目が育っているわけではありません。だから，最初から質の高い事実に気づけなくてもよいと考えておきましょう。

　そのうえで，年間を通してその気づきの質を高めていくようにします。教師が毎単元，毎時間，根気よく気づきを促す時間をつくるだけです。

　はじめのうちは，資料をテレビに映し出し，「気づくことあるかな？」と尋ねます。数人の子が答えたら，黒板にナンバリングしながらその気づきを書いていきます。そして，「4個目以降は自分で書き進めてみましょう」と指示を出し，3個目までの例示をもとに続きを考えさせていきます。

　そのうちテレビに映すことはやめ，資料も同時にいくつか出し，「教科書〇ページを見て……」とレベルを高めます。

　活動のさせ方も，「五分間でいくつ出せるかな」「隣の人と十個は出してみよう」「班で二十個に増やします」「今日は一分で三個を目指そう」などと，時間や人数を変えて取り組ませていきます。

　ノートに書くだけではなく，付箋に書き出させてみたり，タブレットで活動させてみたりすることも可能です。ただし，タブレットの場合はタイピングレベルによってスピードが落ちるので，春先は手書きの方がおすすめです。

　テスト対策のつもりはありませんが，市販のテストはほとんどが資料の読みとりで何とか答えられる内容です。事実に目をつけ，気づきの数を増やす活動は，同時に点数を確実にとる力も身につけていくことになります。

 「なるほど・だからか・そうなんだ」を合言葉にする

　子どもたちは，実生活のなかで様々な社会の知識を獲得しています。北海道はじゃがいもが美味しいとか，沖縄は海がきれいとか，新潟はコシヒカリが有名である……などです。

　しかし，その因果関係はほとんど知らないといってよいでしょう。というより，考えてきていないと言えそうです。

　教師からは，「北海道はじゃがいもが有名です！」と教えるよりも「なぜ，じゃがいもが……」とか，「なんで，沖縄の海は……」「どうして新潟は米が……」と，問いを投げ掛けるようにしましょう。「なぜ・なんで・どうして・どのように思考」です。

　そうした問いを出発点として思考が進むと，膨大な事実がどこかでつながっていきます。点と点が線になる感覚です。これは，事実を整理して気づきを促す教師の役割も大きいのですが，勘のよい子は「あ！」と気づくはずです。

そうした子の気づきをうまく活用し，教室全体で考察をシェアしていきましょう。きっと，子どもの声が子どもの気づきを促進し，「なるほど・だからか・そうなんだ」と引き出していく一助となります。

　事実を事実に留めず，掛け合わせることによって因果関係を見出していくと，社会科本来の楽しさや知らなかった側面が見えてきます。

　書き出した事実がつながっていく感覚を得るようになると，子どもたちの事実に対する価値が高まります。年間を通して「事実の大切さ＝根拠」を重要視するようになっていくのです。

 人々の願いや想いに心を寄せる

　残念なことに，社会科は暗記教科と呼ばれる風潮があります。ペーパーテストで点数をとるだけならそれでよいのかもしれませんが，そうではないはずです。悲しい，というよりもったいないと考えています。

　社会科は人の生き方そのものです。その土地に生きる人々の願いが暮らしや産業をつくっている。その地域に生きる人々の想いが知恵や工夫を生み出しているのです。その心，生き方まで想像してこそ，社会科の学びが最大化するのではないでしょうか。

　例えば，すべての発問の一言目に「どんな思いで……」「どのような願いが……」「なぜこの工夫が……」とつけ加えるだけで，人々の想いや願いに想像力を働かせることができるでしょう。

　子どもたちはきっと，そこに暮らす人々の様子を思い浮かべるはずです。自動車工場がいくら機械化していても，人の果たす役割やその働きぶりを想像するはずです。

　そんな人々の心に想像力を働かせた学びは，例え北海道や沖縄に行けなくても，低地や高地に住んだことがなくても，米作りの体験や漁船に乗った経験がなくても，自分ごとの学びとして捉えられるようになります。

> 〈まとめ〉
> ①事実を引用できるようにしよう。最初は狭い資料で少なくはじめる。年間を通してバリエーションを増やしながら広く多くする。
> ②事実を掛け合わせて考察しよう。「なぜ・どうして思考」から「なるほど・だから」を生み出そう。
> ③自分の考えを意見としてまとめよう。人の心に寄せて，「自分ならどう考えるか」を大切にしよう。

算数

学習の要所と指導スキル

授業づくりのポイント

髙橋　朋彦

⭐ 学習内容例

月	学習内容例
4月	● 整数と小数 ● 体積
5月	● 比例 ● 小数のかけ算
6月	● 小数のわり算 ● 割合
7月	● 合同な図形 ● 整数
9月	● 分数
10月	● 面積
11月	● 平均とその利用 ● 単位量あたりの大きさ
12月	● 割合
1月	● 円と正多角形 ● 割合のグラフ
2月	● 角柱と円柱 ● 速さ
3月	● 変わり方

身につけたい力

　5年生になり，高学年の仲間入りをしました。今までは教師主導で進めていた授業も，少しずつ子どもが主体的に授業を進めていけるようになる時期です。そんな時期に，私は次の力を身につけさせたいと考えています。

❶ 自分たちで学習を進める力

　自分たちで学習を進める力といっても，すべてを子ども任せにするというわけではありません。教師が素材を提示したり，学習のポイントを確認したりしたうえで，子どもたちが自分の力で問題に取り組んだり，話し合い活動をしたりしていきます。教師と子どもでつくりあげる授業を大切にします。

❷ 友達と協力して考えを広げ・深める力

　話し合いの目的は，自分にはない考えを友達から聞いて考えを広げたり，今までの自分の考えを話し合うことで深めたりすることです。発表をして終わりにするのではなく，発表を通して成長につなげることが大切です。友達と協力して考えを広げたり深めたりする方法を子どもたちに身につけさせ，その機会を取り入れていきます。

❸ 自分で自分の力を高める力

　授業の時間だけで学力を高めることはとても難しいことです。そこで，自分で自分の力を高める力を身につけさせます。学級全体でその方法を共有し，宿題や自主学習，テストを活用して，自分で自分の力を高める機会を取り入れていきます。

 めあてとまとめは子どもの言葉でつくらせる

　子どもたちが自分の力でめあてやまとめをつくるためには，授業の基本的な流れを教師も子どもも押さえることが大切です。授業の基本的な流れを押さえることで違う内容や単元でも同じように授業を展開することができます。教師にとっては授業改善につながりやすく，子どもにとっては安心できる授業につながります。教師が基本的な授業の流れを身につけ，基本的な授業の流れを意識して授業をすることで，子どもたちは自分たちの言葉でめあてやまとめをつくる力が身についてきます。今回は特に，導入とまとめの方法をご紹介します。

❶ 授業の導入

　授業の導入部では，自分たちでめあてををつくる力を身につけさせていきます。

自分たちでめあてをつくる力を身につけさせるために大切なことは，「学習素材の提示」と「めあてづくり」の際の一工夫です。「学習素材の提示」では，次のような工夫をします。
- 子どもの興味・関心をひきつけるような提示の仕方を工夫する。
- 具体的な場面をイメージできるように工夫する。
- 既習と未習の違いを明確にする。

　特に，既習と未習の違いを明確にすることで，自分たちの力でめあてをつくるための土台ができます。「めあてづくり」では，自分たちでめあてをつくれるようになるために，めあての型をあらかじめ子どもたちに教えてしまいます。
- 活動型・確認型・思考型を使い分け，めあてづくりをする。

（例）活動型「～の計算練習をしよう。」
　　　確認型「～にはどのような特色があるのだろうか。」
　　　思考型「～はどのように求めるのだろうか。」
　　　　　　「～のようになるのは，なぜだろうか。」

　算数科には，いろいろな型の授業がありますが，私は基本的に思考型の授業を心掛け，「どのように」という言葉を使ってめあてづくりをしています。
　例えば，小数のわり算の学習では，前時までの授業との違いを明確にしたうえで「今までと何が違った？」と問えば，「今日は割られる数にも小数点があった」と，返ってきます。本時の学習を確認したら，「『どのように』という言葉を使ってめあてをつくりましょう」と問うと，「割る数も割られる数も小数のわり算はどのように計算するのか」と，自分たちで学習のめあてをつくれるようになります。

❷ 授業のまとめ

　一時間の学習過程を通して，子どもは本時の学習をある程度理解したことでしょう。しかしその理解は，はっきりとしたものではなく，あいまいなものです。
　そこで，まとめをします。まとめをすることで，一時間の学習をふり返り，子どもたちが自分の言葉で短くまとめることで，一時間の学習の理解をはっきりとしたものにできます。
　めあてや板書，掲示物などを使いながら次の3ステップで一時間の学習をふり返り，あいまいな状態の理解をはっきりとした理解にしていきます。
①「今日の学習のめあてを確認しましょう」と，めあてを確認する。
②「どんなことを学んだの？」と，板書や掲示物，ノートなどから学びのキーワードを確認する。
③「学習のまとめをしましょう」と，子どもの言葉でまとめる。

　自分の言葉でまとめられない場合は，教師が見本となる簡単なまとめを提示し，それから子どもが自分で考えてふくらませることで，自分で考えたまとめをつくることができるようになります。

話合い活動を充実させる

　考えを広げたり深めたりするのに，話合い活動はとても大切です。ペア対話やグループ活動，全体の発表を通して学習の理解につなげていきます。

❶ ペア対話

　ペア対話は，すぐに活動に取り組んだりやめたりできるので機動力の高い対話的活動をすることができます。機動力が高い特性を生かして回数を積み重ねることで，考えを広げたり深めたりする活動になります。ペア対話でおすすめの活動は，以下です。
①意見の交換
②方法の確認
③発表の練習
　「○分間活動します」と，短い時間で気軽に何回も取り組ませることができます。

❷ グループ対話

　グループ対話は，自力解決を通して，個人で解決した課題や整理した課題をもとにし，考えを広げたり深めたりするために行います。小黒板やホワイトボードを使ったり，お互いのノートを見せ合ったりして話合い活動をすることで成果をあげやすい活動になります。
　話合い活動が充実する人数は3～4人。できれば3人で取り組むと，話合い活動がより充実しやすいです。

❸ 全体発表

　全体発表は，**学びを共有するため**に行います。自力解決やペア・グループ学習などを通して，それぞれの学びをしてきました。全体でその学びを話し合って共有して比べることで，より学習の理解につなげることができます。
　話合いのポイントである「わかいはかせ」というキーワードで話し合わせます。

> わか…わかりやすく
> 　い…いつでも使える
> 　は…はやい
> 　か…簡単
> 　せ…正確

　本時の学習に適したキーワードを選択して話し合わせることで，話合いが充実します。

授業づくりのポイント

理科
学習の要所と指導スキル

中條　佳記

⭐ 学習内容例

月	学習内容例
4月	●天気の変化 高度別の雲の種類を知っておこう，天気の移り変わりは○から○へ，天気って予想できるよ
5月	●植物の発芽と成長 種子が発芽する条件って三つあるらしい，種子が発芽した後の養分は食べられる？，植物が成長するには○○と○○が必要だよ
6月	●魚の誕生　母からもらった贈り物で赤ちゃんは育つ
7月	●花から実へ　花っていろいろな部分でできている，花粉は大事なバトン
9月	●台風と天気の変化 台風ってどう動いていくの？，天気の変化を読みとろう，日本に住むなら災害から暮らしを守ろう ●流れる水のはたらき(1) 川のどこで採ってきた石だろう
10月	●流れる水のはたらき(2)　流れる水には三つのはたらきがあるよ ●物の溶け方(1) 塩？砂糖？ミョウバン？水に溶けるときの変化を調べよう，物によって水に溶ける量が変わるのか？それとも同じか？
11月	●物の溶け方(2)　水に溶けた物はなくなったのか？ ●人の誕生(1)　人の命って，どうやってできるの？
12月	●人の誕生(2)　お腹のなかの赤ちゃんの成長を観てみよう
1月	●電流が生み出す力　電気の力で磁石を強くしてみよう
2月	●ふりこのきまり イタリアで発見！ふりこが一往復する時間は同じか？違うのか？
3月	●理科とSDGs 理科的思考でSDGsを考えよう，プログラミングにチャレンジしてみよう

身につけたい力

　理科の学習サイクルを知り，子どもたちが思考し，試行していける力を身につけさせたいです。科学的な見方・考え方を働かせて，学習を進められるようにすることが重要です。どのような視点で事象を捉えるかという「見方」については，領域ごとに整理されています。「エネルギー」を柱とする領域では，主として"量的・関係的な視点"で捉えます。「粒子」を柱とする領域では，主として"質的・実体的な視点"で捉えます。「生命」を柱とする領域では，主として"共通性・多様性の視点"で捉えます。「地球」を柱とする領域では，主として"時間的・空間的な視点"で捉えます。学習指導要領では「考え方」については，自然の事物・現象の変化や働き方をそれらにかかわる条件に目を向けながら調べることと述べられており，問題解決の過程のなかで，比較，関係づけ，条件制御，多面的に考えることを「考え方」とされています。

　また，単元を通して，どのような力を子どもたちにつけていくのかを具体的に考え，単元計画を立てるようにしておきましょう。

 実験はなんのためにするのか

　理科好きな子どもたちに訊ねてみると，好きな理由の一つに「実験ができる」ことが挙げられます。もちろん，観察するのが好き，昆虫や花が好き，石が好き，スケッチが好き，植物を育てるのが好きなど，好きな理由は様々です。しかし，働き方改革に時間短縮……できるだけ手間を掛けずに，最大の学習効果を！などと声高におっしゃられる先生がいらっしゃいますが，時代を逆行したとしても，やはり子どもたちの目の輝きや学習意欲の高まりは実際に実験という名のパフォーマンスを見せれば上がります。

　しかし一方で，やれ準備が大変だの，実験は危険が伴うので面倒だの，ここは実験せずに動画を見せておこうだの……数々の先生方の心の声も聴こえていました。たしかに，あてはまる部分は多々あったにせよ，子どもたちにとっての5年生での学びは，今まさにこの瞬間しか，そこでの学びはないわけであって，単元によっては，多少の軽重をつけたとしても，やはり子どもたちにとっての理科学習の楽しみの一つである『実験』は外せない活動になります。もちろん，その授業の目的やめあてを定めずに，ただ活動のみ行って，「はい，おしまい」ではダメなわけで，楽しみながらも，予想・仮説→実験→検証のサイクルをしっかり押さえておきつつ，学習を進めていくようにしましょう。

　そこで，実験は何を検証するために行うのか。対照実験（結果を検証するための比較対象を設定して行う実験のこと）を行うことで，何が見え，何がわかってくるのかについて，子どもたち自身が理解したうえで，実験を行っていくとより学びが深くなっていきます。

⭐ よりリアルに自然科学と他教科とのコラボを意識する

　子どもたちの身のまわりにある自然科学と他教科との横断的な学習を意識して，単元計画や授業構想を練っていくと，より深みのある学習につながっていきます。5年生単元で，他教科とのコラボ実践例を挙げていきます。

　まず「天気の変化」では，日本地図を用いて，地名を確認したうえで，雲が西から東へと動いていくことを確認しました。また方角も，実際の本校の場所を中心に据えて，4方位→8方位→16方位と広げていき，実際の地図を用いて，確認していきました。これは，3年生の社会科とつながりますし，また地図帳を活用した学習活動も可能となります。

　次に，「植物の発芽と成長」の導入で，2000年間も発芽せず，種子のまま見つかった大賀ハスに注目し，発見された年，場所，状況を子どもたちとともに調べ，その種子から，今では世界中に広がっていることにつながっていることを学ぶことができました。千葉県という場所，2000年という年月，その後の博士たちによる研究開発という事実を知り，社会科学的な学びも十分にできました。

　他にも，「魚の誕生」では，魚卵と親魚のクイズや水族館の紹介，メダカのルーツや誕生秘話などを学び，「流れる水のはたらき」では，実際にある川の上流，中流，下流へ出向き，川の流れる様子やそこにある川原の石の様子などを動画撮影し，子どもたちに披露することで，より教材に親近感がわき，リアルな学びへとつながっていきます。

⭐ 教師が授業をおもしろがるジェネレーターであれ

　私自身が最近心掛けていることで，実は20代の頃から無意識のうちに実践してきたことでもありますが，「子どもも先生も楽しい授業」を目指してきました。

　昨年度からの本校理科部の同僚であるN先生は，授業中，いつも自分が一番楽しんでいながら，子どもたちととことんまで楽しんで授業をされています。「僕がジェネレーターになって，授業を子どもたちと一緒につくっていくんだよ」と教えてくれました。

　教師が全力で主導し，学びのすべてをお膳立てして，子どもたちの意見を吸い上げたり，意見を交流させたりをまったくしない授業，いわば「子ども置き去り授業」であったり，テーマだけ板書し，はいどうぞ！と丸投げしちゃう「放任ばんざい授業」であったりするのではなく，子どもたちと同じ方向を見て，時には立ち止まり，時には共に考え，先生も一緒に「わからないなぁ」と言いながら，頭を抱えて考える授業であれば，教師にとっても子どもたちにとっても大変魅力的な授業となることでしょう。

命にまつわる授業づくり

　生命（人と魚）のたんじょう，植物の発芽から実までなどの単元があるように，この地球上に生きとし生けるものの営みのなかで欠かしてはいけない種の保存であったり，次世代への生命のバトンであったりを扱う学習があります。

　命を扱いますので，細心の注意と，命の尊さも同時に学べる機会と捉え，道徳や保健といった教科とのタイアップもぜひ考えられてみてはいかがでしょうか。また，授業で教材となった生物を扱う場合，ていねいに扱っていくことと，絶命してしまった場合，丁重に弔うことも含めて，子どもたちと考えていけるような授業づくりをおすすめします。

　また，「人のたんじょう」については，子どもたち一人一人にとって，とてもデリケートな部分であります。自分の出生や家族のこと，兄弟姉妹のことなど，子どもたちのバックボーンは多種多様ですので，プライベートなところはできるだけ事前にリサーチしておき，授業づくりに役立てるようにしましょう。出産にまつわるいろんなケース（なかなか産まれてこられなかった，首にへその緒がからまっていた，逆子だった，頭に内出血が見られたなど）があったり，家族それぞれにヒストリーがあったりしますので，こちらの学習も慎重に進めるようにしましょう。

 やはり小ネタは大切！

　小ネタは，少しの授業の隙間を埋めてくれる重要アイテムです。できるだけ多く知っておいて，いざという場面ですかさず使えるとよいですね。これがいい！というものを紹介はしませんが，自作でもよいですし，インターネットや書籍からの抜粋でもよいですし，先輩の先生から教えてもらうのでもよいでしょう。とにかく集めまくって，自分なりにアレンジしていくと楽しい授業時間が増えていきます。

　例えば，【ペットボトルで雲を作ろう！】というネタは，子どもたちの歓声が上がります。ペットボトルに少量のお湯を入れて，火のついた線香をペットボトルの口に持っていき，煙が入ったら蓋を閉めます。そこでペットボトルをギュッとつかむと，一瞬で雲がペットボトル内にできあがります。子どもたちは，「おーー！」と歓声を上げてくれるはずです。その仕組みを後で解説してもよし，隣の子と相談させるのもよし，自分で考えたり調べたりする活動を取り入れてもよいでしょう。

【参考文献】
● 文部科学省「小学校学習指導要領（平成29年告示）解説　理科編」

授業づくりのポイント

音楽
学習の要所と指導スキル

前波恵美子

⭐ 学習内容例

月	学習内容例
4月	● 一年間の見通しをもつ ● リコーダー二重奏「花笛」を楽しむ
5月	● 弦楽器の音の重なりを感じて「アイネ　クライネ　ナハトムジーク」を聴こう ● 「夢色シンフォニー」で二部合唱に挑戦
6月	● 異学年交流「リコーダーを3年生と楽しむ」 ● 和音の移り変わりを感じて「静かにねむれ」を演奏しよう
7月	● 実技のテスト ● 1学期の復習
9月	● 行事に向けて見通しをもつ ● 打楽器の音を重ねて音楽づくり
10月	● 歌詞と音楽とのかかわりを味わう ● 気持ちを合わせて合唱・合奏しよう
11月	● 行事本番にむけて ● 音の重なりを意識して「水族館」を聴こう
12月	● 実技のテスト ● 2学期の復習
1月	● 6年生を送るために演奏しよう ● リコーダーで「威風堂々」を演奏しよう
2月	● 「春の海」を聴いて日本の楽器の響きや旋律を味わおう ● 日本の音階で旋律づくり
3月	● 実技のテスト ● 5年生の総復習

身につけたい力

①音の重なりを感じとる力
②いろいろな音色を感じとる力
③和音の移り変わりを感じとる力
④日本の音楽に親しもうとする力
⑤思いを表現に生かそうとする力

　一年間を通して特につけたい力を五つ挙げました。5年生の音楽科の時間は年間50時間ほどしかありません。そのなかに行事も挟まってきます。培っていきたい力を，どんな教材を通してどのようにつけていくのか，年度のはじめに計画を立てます。ここでは，①と④と⑤について詳しく説明します。

 音の重なりを感じとる力を育てるために

　鑑賞の時間こそ「つけたい力」と向き合うチャンスです。この教材はどんな力をつけさせるために扱うのかということを意識していないと，せっかくの鑑賞の時間が子どもにとっても教師にとっても苦痛でもったいない時間になってしまいます。聴かせ方も工夫します。聴いて感じたことを身体で表現させるのか，図形で表現する「図形楽譜」を用いるのか，聴き比べをさせるのか……。今回はサン＝サーンス作曲，組曲「動物の謝肉祭」より「水族館」を例に鑑賞の方法を紹介します。

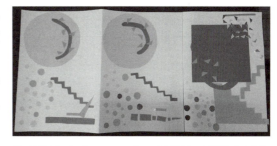

　この曲は，全曲を聴いても三分かからず，音楽を形作っている要素の働きを感じとりやすいため，聴く喜びが深めやすくておすすめです。5年生では「音の重なり」を指導内容に設定し，取り組みます。この曲の幻想的で素敵な感じを聴きとらせるためには，「図形楽譜」を用いると，みんなでよさを共有できるでしょう。

　最初に，一曲を通して聴き，曲の構成を捉えます。口ずさめる旋律を手掛かりに，曲を大きく三つの場面に分けます。そして，一場面ごとに，三〜四人でグループとなり，協力して図形楽譜に表現させます。必ず音を根拠に色画用紙と色紙で作成させ，聴こえたものを具体物ではなく，抽象的に表していきます。作成しているとき，「どうして階段みたいに表したの？」「このキラキラは，どこの部分？」「下の方にあるこれは，どんな音を表しているの？」と教師は子どもに質問しながら，何度も音源を聴かせ，音に帰らせます。

　できあがった図形楽譜を全部前に貼り，他のグループの作品を見合います。「1班の①の部分の○○はなんでかな？」など，質問したくて目を輝かせる子どもたち。最後は，クラス全体

で交流会をします。質問されたグループも一生懸命答えます。音楽を流しながら「ほら、ここの部分のことです！」「なるほど……」。やりとりのたびに音楽を流すのですが、新しい発見もあり聴き飽きることがありません。そして、「旋律」と「他の音との重なり」があるからこそ音楽に広がりが出るのだということに気づくことができるでしょう。

★ 日本の音楽に親しもうとする力を育てるために

❶ 旋律楽器としての和楽器（箏）に取り組む

4年生で習った「さくら」など、子どもたちが親しみやすい曲を選択するとよいでしょう。ドレミの楽譜ではなく、縦書きの漢数字を使った楽譜を見て和の雰囲気を感じとることができます。よい音を響かせるには想像以上に力が必要です。いつもはやんちゃな子どもたちも夢中です。

❷「春の海」を鑑賞

箏と尺八の音色の違いを感じ、旋律の美しさを味わいます。冒頭を聴いて、自由な拍について気づく子どももいるでしょう。日本の楽器の音色、旋律、音階などと曲想が密接にかかわっていることに気づかせることができます。

❸「子もり歌」を聴き歌う

範唱を聴いた後、自分たちで歌ってみます。歌詞の内容に合った歌い方を考えられるといいですね。また今までに習った遊び歌について質問すると「ひらいたひらいた」や「なべなべそこぬけ」などが出てくるでしょう。日本の歌を歌いながら、旋律の特徴を話し合うとよいでしょう。

❹ 日本の民謡を知る

どこの地方の民謡なのか、社会科で習った都道府県の知識を活用させます。拍があるかないかによって、どんなときに歌った歌なのかを話し合うこともできます。郷土の音楽に興味・関心をもって歌ったり聴いたりするときにおすすめです。

❺ 日本の音階を使って旋律づくり

ペアになってリコーダーで音を出して試しながら音楽づくりをします。ミ、ファ、ラ、シ、ドの五音を使うと、これまでに習ってきたドレミファソを使った音楽とは違うものができあがることを感じられます。

子どもたちが今後様々な種類の音楽と出会った際に，音楽を楽しむ力が広がるように，日本の音楽を聴いたり，日本の旋律を歌ったり，日本の音階で旋律をつくったりする機会を積極的に設けていきたいですね。

★ 思いを表現に生かそうとする力を育てるために

　学習発表会などの行事を通して合唱と合奏に取り組む方法を紹介します。子どもたちは「今年はどんな曲が演奏できるのかな？」とわくわくして待っています。４年生までは斉唱で最後の音だけ重ねてみるぐらいまでで，本格的な合唱をするのは初めてのことが多いでしょう。歌いこんで音程をマスターして重ねるだけでもなかなか大変です。歌詞をもう一度読み込んで，どのように表現したらよいのか，なかなかそこまでたどり着きません。「楽譜にｐと書いてあるから小さく，ｆと書いてあるから大きく」というのでは味気なさすぎます。曲は仕上がってきつつあるけれど，なんかつまらない……。そんなときこそ担任の先生たちの出番です。「歌詞にこう書いてあるけれど，どんな気持ちで歌ったらいいのかな？」「そんな風では，みんなの気持ちは伝わらないわ」と，問い（時に難題）を投

げ掛けることで，子どもたちは頭を悩ませます。合奏も，最初は楽器が演奏できるだけで楽しくて，自分の担当楽器を一生懸命練習します。指揮者を見て他の楽器の音を聴き，合わせることができるまでにはたくさんの練習が必要です。しかし，自分の楽器に余裕が出てきた子どもたちは，見てくれる人や聴いてくれる人のことを考えるようになります。写真のタンブリンチームは，自分たちで打ち方を工夫して，音を合わせるだけでなく見てくれる人を楽しませようと振付をつけていました。３年生から練習しはじめたリコーダーですが，５年生になると，運指を覚え，息使いをコントロールし，曲も色々と吹けるようになります。しかし，リコーダーが吹けるようになることだけを目標にするのではなく，吹けるようになったリコーダーを使ってみんなで合奏する喜びを感じたり，思いを音にのせて表現する素晴らしさを感じたりすることを目指したいものです。

　そのためにも友達と一緒に鑑賞したり，演奏したりする時間を積極的に設けていきましょう。学校の音楽科の時間ならではの醍醐味です。

【参考文献】
● 小島律子編著『子どもが活動する新しい鑑賞授業』音楽之友社
● 清村百合子・小島律子監修『小学校音楽科の学習指導』あかつき教育図書

授業づくりのポイント

図画工作
学習の要所と指導スキル

中村　路佳

⭐ 学習内容例

月	学習内容例
4月	●（絵）水彩絵の具で自分の気持ちを表す いろいろな色や表し方ができるように，試す時間を設ける。
5月	●（工）タブレット端末を活用したアニメーションづくり コマ撮りの仕組みを押さえる。ものの動かし方を工夫できるように互いに見合う。
6月	●（立）鏡を使って立体に表す 鏡の特徴を理解する。いろいろ試すなかで「おもしろい」と思う映り方から発想を広げる。
7月	●（鑑）水を使った活動 「きれい」と思った見方・感じ方ができるように，様々な角度から見る。
9月	●（立）電動糸のこぎりを使った活動 安全指導を必ず行う。基本的な操作，刃の向き，手の位置などを確認する。
10月	●（工）木工作（ゲーム作り） 切り方の工夫，切った木材の組み合わせ方，着彩のタイミングを自分で考えさせる。
11月	●（絵）写真からイメージを広げて絵に表す 自分のイメージに合う表し方から描画材を選べるように，試す時間や場所を設ける。
12月	●（造）光と場所の特徴を生かした空間をつくる 事前に活動できる場所，光の見え方を確認する。ライトの数や種類を揃える。
1月	●（絵）版画 彫刻刀の使い方，版画の彫り方➡版木で試す／作業工程が多いので区切って指導。
2月	●（工）紙と明かりを使った活動 数種類の紙を用意し，光にあてて試す時間を設ける。何ができそうか投げ掛ける。
3月	●（立）針金を使って立体に表す ペンチの使い方（手前で曲げて奥で切る）を指導し，針金の扱い方に慣れさせる。

⭐ 身につけたい力

　図画工作科は「形と色」を通して自己表現することを学ぶ教科です。「形と色」は人の手によって生み出されたものや，身近な自然などの目に「見えるもの」と，考えや気持ち，心のなかといった目に「見えないもの」があります。それらをどのように表せばいいのか，頭のなかで「想像」したことを実際に表現する「創造力」を育みます。

　私たち教師（大人）は過去の経験から，どこかで見た・知っていることだとしても，子どもにとっては「新しいこと」かもしれません。大切なのは「作る」「表す」ことを通して，初めて触れるもの，未知なるものを知ったときの驚きや喜び，そして「何かいい」「何かきれい」と心が動く瞬間や，時間を忘れて夢中になっているときに「感じる心（感性）」も育まれます。思春期に入った子どもたちの体や脳と心の発達は，個人差はありますが成長する部分と未成熟な部分が混在し，自分自身をコントロールすることが難しい時期でもあります。そのときの感情が態度や行動だけではなく，表しているものに反映されることもあります。私たちは，できあがったものに対してすぐに「結果」を求めてしまいがちですが，そこに至るまでの「過程」に目を向けると，子どもたちがどのように考え，感じ，表そうとしたのか，その子の「思考の痕跡」が見えてきます。他者とのかかわりのなかで「自分だったらどうするか」と試行錯誤しながら「目の前にあることに取り組む姿勢」や，「小さなことを積み上げていく力」がこの時期の子どもにとって必要な力であり，その力が「自分自身を創る」原動力となっていきます。

⭐ 準備・導入のポイント

❶ 用具・材料の準備不足でつまずかせない

　子どもにとって使いやすい状態の用具か，材料の硬度や個数などを事前に確かめておきます。「失敗から学ぶ」といっても，準備不足による失敗は子どもの失敗ではありません。最初，やる気があっても使いにくいものを使い続けると，思わぬケガや小さなストレスが意欲低下にもつながります。小さなつまずきを増やさない配慮も大切です。

❷ 自由に選ぶとき

　子どもが表したいものに合わせて自由に材料を選ぶとき，それを「選んだ理由」から発想が広がり，自分で選ぶ「楽しみ」や「決定力」が生まれます。一方で，材料には数が限られているため，一人分の個数，使わないものは戻すなど周りのことを考えたルールを確認しておきましょう。何か「自由」に選ぶときの「気配り」はセットです。

❸ 制限から生まれる工夫

ねらいにもよりますが，絵の具を選ぶときに「はじめは◯色まで」と制限すると，「本当に必要な色は何色か？」と少し考えてから選択します。自然に混色や塗り色の工夫が生まれることで，思いがけない色との出会いがあります。絵の具に限らず，あえて制限することで自由にしたいという創意工夫が生まれます。

①イメージに合う色を選びやすいように絵の具を並べて置く。
②表したいものに合わせてローラー，筆などの描画材を選ぶ。
③絵の具の塗り方，重ね方など表現方法を工夫して表す。

⭐ アイデアを共有するときのポイント

❶ 全体→個人の順に問い掛ける

導入時に「みんなだったら，どうする？」と，全体に問い掛けると，子どもたちからアイデアが生まれ，共有することで発想が広がります。子どもの思わぬ視点に「なるほど！」と，教師自身が驚いたことを伝えると意欲にもつながります。「じゃあ，自分だったら？」と続けて問うと，出たアイデアをもとに個人で考えるようになります。また，手が止まっている子には「ちょっとつけたしてみる？」とタイミングを見て声を掛けることも大切です。

立体で表す題材の例
表したいものに合わせて材料（ミラーシート，木材など）の使い方，組み立て方を考えて土台を作る。

❷ 仕組み・作り方を自分たちで考える

作り方を考えるときに「どうやって作ったと思う？」と班に一つ見本を配ると，自然に対話が生まれ，自分たちで仕組みや作り方を考えだします。さらに「自分だったら，ここから何を作る？」と声を掛けると，見本をもとにアイデアを話し合います。手元にヒントとなるものがあると具体的なイメージが湧き，活動にも入りやすくなります。

見本
①見本をもとにビー玉をはじく仕組みを考え，作り方・ポイントを共有する。
②どのようなゲームにするのか考える。

❸ アイデアを視覚化する

ワークシートやタブレット端末にアイデアを描き出してみるのも一つの方法です。絵や図，言葉に表すことで【考えるきっかけ・情報整理・イメージの具体化】となり，新たな発想が生まれやすくなります。また，お互いの考え方を共有するこ

とで自己・他者理解にもつながります。アイデアを実現することが目的ではないので，それ自体の完成度は求めません。途中で変更してもいいということ，子どもができると思ったら制作に入るなど，全体の様子を見た指示や判断は必要です。また，「個人で考える」「相談する」「共有する」時間を区切り，制作時間を確保しましょう。

電動糸のこぎりの指導のポイント

　５年生では，電動糸のこぎりの使い方を学習します。最初に全体で，動画（デジタル教科書等）・実演などで【使い方・手順・注意事項】の安全指導を行い，活動の見通しをもたせます。５年生にとって初めての体験となるので，実際に経験することで学んだ「知識」と「感覚」を「工夫」へとつなげていきます。

❶ はじめは少人数で指導する

　活動中に「刃の向き・取れる・折れる」などの対応を想定して，教師の目が行き届くように少人数で指導します。事前に機械の安全点検，板材が切れる厚さ・硬さを確認しておきます。最初の活動では各班交代制で試し切りを行い，慣れてきたら全体の活動に入ります。のこぎりの授業は，子どもにとって「挑戦するチャンス」，教師には「ほめるチャンス」です。活動後のフィードバックで子どものやる気と自信につなげましょう。

❷ 指導の流れ

①電動糸のこぎり（二台程度），一班（四〜六人程度）ごとに順番で行う。
②板材を「直線」で一人一回切る（電源の入力から基本的な動作を一通り行う）。
③待ち時間の課題に取り組む（やすりがけの指導をしておくと，切った後の手触りを確かめることができる）。
④全員が終えたら，切った感想や活動をふり返る（「うまく切るコツ」などを子どもに投げ掛ける）。
⑤「この後，どう切っていく？」と問うことで，他の切り方を試したい子が出てくる。波線・コの字などの切り方とポイントを確認する。
⑥一斉にはじめる前に，動線の確認や並び方・立ち位置，人数が多い場合は「〇回，切ったら交代」などのルールを伝えておく。
＊指導後は対応する人数が減るので，全体を見て指導できる。子どもたちは実際の体験を通して感覚やコツをつかむと，自主的な活動ができるようになる。多少，時間がかかっても最初の指導はていねいに行うことがポイント。子どものなかで具体的なイメージがもてると，アイデアが浮かび「こうしてみよう」という工夫が生まれてくる。

授業づくりのポイント

家庭
学習の要所と指導スキル

佐藤 翔

 学習内容例

※行事や子どもの実態に合わせて，二年間のストーリー性のある学びを実現することが重要です。

月	学習内容例
4月	●ガイダンス（成長や生活のふり返りと，家庭科の学びを踏まえた今後の見通し） ●一日の生活と家事探し，手伝いと仕事について，家事をするとよいことを考える
5月	●調理のはじめの一歩（3種のヨーグルトから考える「おいしさ」，お茶をいれよう） ●おいしさを意識してゆでよう（ほうれん草で和物づくり，粉吹き芋づくり）
6月	●整理・整頓マスターへの道（整理・整頓の違いって？学校・家庭で実践） ●初めての手縫い（手縫いの練習，練習しながらプチ作品製作，小物作品製作）
7月	●初めての手縫い（小物作品製作の続き） ●暑さの原因を突き止めよう（暑さと換気のメカニズム，服の着方）
9月	●防災について考えよう（日頃の準備と豊かな生活） ●感じて作って和食の技（米の収穫，脱穀）
10月	●家庭の仕事にレッツトライ（夏休みの実践を受けて，継続できそうなものは） ●初めてのミシン（ミシンの使い方レース，まっすぐ縫ってきれいに曲がろう）
11月	●初めてのミシン（2枚合わせのランチョンマットを基本とした製作） ●感じて作って和食の技（大豆の収穫，味噌の仕込み）
12月	●暖かい過ごし方（湿度を管理する服の着方，換気） ●暖かい過ごし方（熱の利用，生活の工夫）
1月	●感じて作って和食の技（出汁を感じる，世界で一つの味噌汁づくり） ●感じて作って和食の技（炊飯，三色トランプで三つのグループと五大栄養素）
2月	●お金の役割とかしこい使い方（家庭を支えるお金，買い物アドバイザー） ●お金の役割とかしこい使い方（生活をふり返った実践）
3月	●家族と団らんタイム（学びを生かした時間の過ごし方） ●5年生のふり返りと，6年生・中学生への学びのつながり

⭐ 身につけたい力

5年生の一年間は，中学3年までの五年間の学びの土台となり，教科としての学ぶ姿勢をつくる重要な位置づけとなります。身につけたい力としては，学習対象に対して**「できそう」と前向きに思い，考えるための「交流」が当たり前の教科であると思って行動する態度**です。家庭科は生活事象を学びの対象としています。つまり苦手であっても「できない」人は本来いないのです。家庭科の根底となる学びの姿勢を身につけ，家庭実践につなげていきたいものです。

⭐ アンカーとなる学びの明確化でスパイラルにつなげる

アンカーとはその題材における最も重要なこと，立ち返るべき観点や内容です。「〇〇の題材では，□□が大事だった」と明確になるように，教材研究を行います。例えば，暑さ寒さに対して快適な着方や暮らしを考える題材は，熱と湿度による快適さの仕組みを知っていることが重要です。「熱は人間からも水蒸気（湿度）と共に出て，自分の周りの空気の湿度と温度を調整すると快適になる」「空気の流れをつくるには換気が重要である」ということを複数回にわたりスパイラルで学習すれば，暑さも寒さも調整ができるような学びにつながるのです。題材ごとにアンカーを意識して，二年間の学びをつなげるようにしましょう。

⭐ 学びが成立する授業に有効な三つの切り口

学びが成り立つには，学ぶ対象への興味が湧き，様々な対象とやりとりして理解につなげていることが重要です。ですから，すべての授業には，先述した「できそう」と「考えるための交流」が必要になるのです。どのように授業に取り入れるかを以下に記します。

❶ ギャップを活用する

当たり前となっているものに，違いがあることに気づかせる方法です。例えばゆでる調理の学習の際は，ゆで時間を変えた2種類のほうれん草を試食させます。子どもは食感や味，香りに違いがあることに気づきます。子どもは個々の感じたことを「交流」することで，人によっておいしいと感じる基準が違うことを学びます。また，ゆでる時間が変わることで自分の求めるおいしさを作り上げることが「できそう」な見通しをもつことができます。

❷ 目的・必要性を明確にさせる

　ミシンによる製作は，ランチョンマットなどを製作することがありますが，子どもは必要性を考えているでしょうか。例えば2枚合わせの布を作るというテーマで，難易度別の作れる物（コースター，カフェエプロン，風呂敷，ティッシュカバー等）を提示し，家庭調査をふまえて自分が必要なものを選ばせるという展開にしてはいかがでしょうか。家族や友達と何を作るか話し合うことで，目的や必要性が子どものなかで明確になり，学びに主体的になります。

❸ 習得の機会を設定する

　とてもためになった，と感じる授業でも自分のものになるには反復や実践の機会が必要です。例えば，買い物の学習では友達のニーズに合った買い物を提案するという流れにします。お菓子や旅行のお土産などで，友達の買いたいものを選ぶことを複数回行うことで，目的をふまえた情報の読みとりと選択が定着します。技能や知識の他，物事に関する考え方も定着し，家庭実践にもつながります。

お客様のニーズに合うレタスを会話を通して選んでいる姿

⭐ 「できそう」のために，学びの活用の工夫を！

❶ 得てして「習得」が目的になりやすい

　知識・技能を完全に習得できれば，満足度も上がり選択肢も広がることでしょう。しかし，習得を目的にした題材では，できない子はずっと「できない」ままなのです。手縫いの小物作りでは「きれいに」できることが目的ではなく，ボタンつけや簡単な身の回りのものを作れるんだという自信とやってみようとする態度こそが大事なのです。

❷ 評価を分けることで一方の評価が変わることも

　手縫いの製作では「縫い目の間隔を変えず，玉どめ玉結びが適切に行える」という技能面での評価を明示したとします。題材後半では，自分の生活をふまえた荷物タグ作りを課題に入れれば，技能は低くても自分の生活でどう使うかを考え，そこを評価できるうえ，愛着のある製作が可能になります。苦手な子には手伝ってあげることも一つでしょう。ルーブリックを明示し，知識・技能がA評価にはならないと伝えたうえで，先生に助けてもらえれば活用の部分ではよい評価を得ることも可能です。

「交流」のために，多様な価値観を大切にする

　ある大学生の調査では，性別役割分業感が未だに強く残っていることが示されました。福利厚生や日本の子育て環境が変化していないことも原因として叫ばれています。私はこれに加え，家庭生活に関する価値観は，教育的介入を行わなければ親の価値観をそのまま受け継ぎやすいことも原因として考え，様々な価値観と出会い，考えを深めることを大事にしています。

○「1人では成立しない授業」を当たり前にする

　ある家庭では夕食を一緒にとり，ある家庭では朝も夜も個食が当たり前のところもあるでしょう。そのような「当たり前」は考えを交流し，意見を伝え合うなかで初めて気づき，学びとなるものです。社会が変化していくなか，家庭生活は過去の形のままということは難しいです。例えば将来の家庭の生活時間について，隣の人と合意形成を図るテーマにした際に，今の家庭生活と同じものを想定しては成り立たないこともあるなど，家族の在り方の違いにも気づき，考え方をアップデートしていくために交流のある教材設定が大切です。

 できた楽しみを味わう仕掛けをする

　学校で「できた」「できそう」と思ったことは，家でもやりたがります。学校の「できた」という学びを家庭とつなげ，家族と「交流」するための手立てを紹介します。

❶ 授業を未完成にして，家庭生活での実践で完成できるようにする

　家庭科だよりや学年だよりを用いて，家庭実践の協力を仰ぎます。文面には簡単な授業の流れを添え，子どもの反応も記載します。やりたがっている子どもの背中を一押しする仕掛けです。また，ゆでる調理の際にワークシートにレシピを掲載し，授業ではできなかったものや時間的に取り上げられなかったものも掲載し，「やってみよう」という気持ちにさせます。

❷ 家庭を宿題の場にする

　「洗剤は何種類あるか」「洗い方で気をつける点は何かインタビューする」「自分のよりよくしたい生活の課題は何か」など，自分の生活のなかの当たり前を，焦点を与えることで学びに変えるきっかけにする宿題を出すこともあります。「なぜ？」「そうか」という学びを学校で交流し，多様な価値観に触れて，さらに深めるための材料にします。

【参考文献】
● 佐藤翔著『指導スキルから面白アイデアまで　小学校家庭科の授業づくりテキスト』明治図書

授業づくりのポイント

体育
学習の要所と指導スキル

河邊　昌之

⭐ 学習内容例

月	学習内容例
4月	● 体ほぐしの運動：集団で身体を動かし，新たな人間関係づくりを意識させる。 ● 短距離走：白線の上を走らせ，腕を後ろに大きく振るように指導する。
5月	● リレー：走力の差を考えながら，バトンの受け渡しを仲間と協力して行う。 ● ソフトバレーボール：子どものレベルに合った難易度のルールや場づくりを設定する。
6月	● 保健（心の健康）：座学だけにならないように，活動を授業に取り入れる。 ● マット運動：補助運動を楽しくたくさん行い，技に挑戦できる場をつくる。
7月	● 水泳：泳げる子はタイム測定やリレーを行う。泳げない子は同じ泳力でグループになり，自分たちで補助し合いながら練習できる環境をつくる。
9月	● 表現運動：グループで見合う活動を通してポジティブな発言を増やしていく。 ● ハードル走：「ポン・ポン・ポン・パーン」のようなリズムをつけて走る。
10月	● 走り幅跳び：踏切の意識と跳ぶ感覚を養うために，ロイター板を用意する。 ● 鉄棒運動：補助運動を楽しくたくさん行い，技に挑戦できる場をつくる。
11月	● 跳び箱運動：補助運動を楽しくたくさん行い，技に挑戦できる場をつくる。 ● フォークダンス：完璧な型にはめすぎないように，自由度を認めていく。
12月	● バスケットボール：誰もが楽しめるように動ける範囲に制限を設け，攻めと守りの人数を変える等，子どものレベルに合った難易度のルールや場づくりを設定する。
1月	● 体力を高める運動：トレーニング的に走るだけと縄を跳ぶだけにならないように，友達と楽しく体を動かせるようにペアでの運動等をたくさん行うようにする。
2月	● 保健（ケガの防止）：プリントの穴埋め問題を行う自習的な授業にならないように，実際に起こり得るケガの再現等，活動を授業に取り入れる。
3月	● タグラグビー：誰もが楽しめるように動ける範囲に制限を設け，攻めと守りの人数を変える等，子どもレベルに合った難易度のルールや場づくりを設定する。

⭐ 身につけたい力

　5年生は，教師に決められた場やルールをこなすだけでなく，仲間と協力してルールを工夫したり，作戦を生み出したりする能力を身につけさせていきたいです。そのために必要な教師の指導は，安全第一を大前提とし，すべてのルールや作戦を最初から教えるのではなく，いくつかの改善点や発想が生まれるように授業を組み立てます。ボールの大きさ等，道具の工夫，コートの大きさ，形，得点（男女や経験値による差），器械運動ではできる技を友達と一緒に息を合わせて披露するなどが挙げられます。

⭐ 「ありがとう」を増やそう大作戦

　他の教科に比べて活動が多い授業のため，友達との仲が大切となります。授業をやればやる程仲がよくなるのか，それとも授業をやればやる程仲が悪くなるのかは，授業中の行動・言動で大きく変わります。

　授業で使うボールを取りに行く際，我先にボール入れに駆け込み，バーゲンセールのような状態をつくり，ボールをゲットした子から活動をはじめていたら，ボールの奪い合いや恨み辛みが生まれてしまいます。やればやる程仲が悪くなります。

　私の経験上，我先にボール入れに駆け込む子どもの多くは，身体を動かすことが大好きで元気な子が多かったです。その子がボールをどんどん後ろの人に回してあげれば，「ありがとう」の言葉が生まれる場面が生まれます。やればやる程仲がよくなり，「ありがとう」の言葉があふれる環境になります。

⭐ 上手な子ども・スター大作戦

　5年生になると，どの教科も得意な子と不得意な子の差が顕著に表れるため，一斉授業の難しさを感じている先生も多くいると思います。

　また体育科は，できる，できないがその場で可視化されるため，苦手な子どもにとっては苦痛を感じることもあります。特に集団スポーツにおいては，自分のせいで負けてしまったと思う場面が出てくるかもしれません。

　逆にベースボール型やゴール型，ネット型の球技では，普段から習い事として活動している子どもは，習い事の感覚で授業に臨むと，周りのできなさに対してイライラしたり，自分の活躍ばかりを追い求めたりする可能性があります。また，試合を行うと勝ちたい気持ちが優先して，上手な子が雰囲気を悪くし，授業の足を引っ張ることも考えられます。

　そこで，その単元の運動が上手な子どもに学級の手本となってもらい，その単元のスターと

してキラキラに輝かせます。
　バスケットボールであれば，シュートやドリブル，野球であれば，バッティングやキャッチング，バレーであれば，サーブやアタック等のかっこいい場面を学級のみんなの前で発表させ，級友から拍手をもらいます。
　そして，このスターの皆さんは，授業を盛り上げ，その上手さを武器に子どもティーチャー「伝教師」として活躍してもらうことを伝えます。

〈「伝教師」スリー宣言〉
①級友へ自分の技術を「伝」える。
②ルールが曖昧な仲間へ優しく「教」える。
③「師」匠として成功も失敗も仲間を応援する。

　上手な子が苦手な級友へのフォローの気持ちをもち，「伝教師」の称号を与えることで，学級をあたたかい雰囲気に盛り上げてくれることを期待します。
　級友は「伝教師」に対してありがとうの気持ちをもつことを必ず伝えます。「伝教師」にとってありがとうの言葉が最大の褒美になる関係性を築けるよう，教師は授業づくりを行います。

⭐ 成功の可視化大作戦

　子どものやる気を引き出すには，「できた」「後一歩」「できない」その状態が自分自身や友達同士で判断できる場や状況をつくることが大切です。
　教師一人に対して30人を超える子どもに「できた」「後一歩」「できない」を一人一人言って歩くことは不可能です。だからこそ，成功が一目瞭然の場があれば，子ども同士でその成功に向けて一生懸命がんばることができます。
　子どもがテレビゲームを夢中になって行うのは，その「できた」「できない」が一目瞭然，可視化されていて，ゲームが進んでいくと「後一歩」の状態を乗り越えるために練習を重ね，いつかできるようになり，新たな壁に挑戦していく流れになっているからだと考えます。
　しかし，クリアできたのか，できていないのかがわからないゲームが存在したら，何分間そのゲームを続けるのか，数分で「意味がわからない」と言ってやめることが予想されます。それでも何かを求めてやり続ける人はほとんどいないと思います。また，絶対に無理と諦めた場合，そこからがんばる人もほぼいないと思います。
　私は，「後一歩」の場の作成が体育科の授業研究の要になると考えます。

〈「後一歩」の場づくり三つのポイント〉
①「数字」…縄跳びカード等がこのシステムになっていることが多いです。
（例１）「鉄棒の前回り」多くの子どもができます。そこで，「15秒以内」に「何回」回れるかという課題を与えます。学級一斉に取り組むことができて，一人一人の記録を伸ばす

ことができます。また，班での合計にすることで仲間の分までがんばろうとします。そして，チャレンジ回数を「3回」やチャレンジタイムを「3分以内」等と制限を設けることで，制限回数や制限時間ギリギリまでがんばる子どもが増えます。
(例2)「キャッチボールやバレーのトス」こちらも「1分以内」に「何回」連続でできるかを数えます。例1に同じくチャレンジ回数やチャレンジタイムを設けます。
②「スモールステップ」…器械運動等がこのシステムになっていることが多いです。
(例)「野球のバッティング」打つ道具が3段階（テニスラケット→太めのバット→細めのバット），ボールが2段階（大きめのボール→小さめのボール），打ち方を3段階（ティーボール→距離近めの下投げピッチャー有→距離遠めの下投げピッチャー有）等の段階をつくります。打つことができたかできないかが明らかなので，練習時間に自分自身で自分の実力に合った挑戦をすることができます。
③「人数の差」…団体競技で練習してきた技が決まりやすくなります。
(例)「サッカー」コートを半分に分け（縦，横，斜めどれでもよい），分けたコートの行き来をなしとし，お互いコートに入れる人数に差をつくります。攻め3人，守り1人とした場合，攻めは2人も多いので攻撃がしやすく，普段シュートが入らない子どもでも，シュートチャンスが巡ってきやすくなります。まさに「後一歩」の場面を多くつくることができます。

★ ふり返りで友達への手紙大作戦

　体育科の学習カード内でふり返りをさせている先生方が多いと思いますが，せっかく友達のがんばりが書かれていてもその友達に伝わることなく，先生が読んで終わってしまう可能性があります。

　そこで，簡単な手紙を使って友達への応援メッセージやよかったところを書かせ，ふり返りを行います。そうすることで，ふり返りを先生に提出して終わりではなく，そのふり返りが友達への励ましの手紙へと変わり，学級の人間関係が良好になります。

　高学年だからこそ，語彙力も増え，継続して書かせることで，「いいね」「がんばっていたね」等の抽象的な内容の手紙ではなく，「手の振りが大きくて足が速くなってきているね！！」等の授業のねらいに沿ったふり返り（手紙）が書けるようになってきます。

　手紙をもらった友達も自分のふり返りになるので，一石二鳥となります。

　近年は，ICTを積極的に活用する時代だからこそ，ふり返りもタブレットで書くことで，友達のがんばりを送り合うこともできます。

　常に友達のよかったところを気兼ねなく発信できる文化を学級につくっていくことは，大切だと考えます。

授業づくりのポイント

外国語
学習の要所と指導スキル

尾形　英亮

⭐ 学習内容例

※「Here We Go! 5」（光村図書）の年間指導計画をもとに作成

月	学習内容例　※青字は教科書の内容プラス１の活動
4月	Let's Start「AI時代の英語学習」 ● コミュニケーションで大切なことや，中学年で慣れ親しんだ英語をふり返る。
5月	Unit 1「Hello, everyone. ～自分のお気に入りスポットを紹介しよう～」 ● 名刺交換をしながら，お互いのことについて尋ねたり答えたりする。 　→「校内で最も好きな場所」を紹介する項目を名刺に追加し，英語で紹介する。
6月	Unit 2「When is your birthday? ～英語で「推し活」をしよう～」 ● 誕生日や誕生日にほしいものをインタビューし合い，誕生日カレンダーを作る。 　→好きなキャラクターや有名人の誕生日とほしいものも調べ，同様の活動をする。
7月	Unit 3「What do you have on Monday? ～未来の授業を考えよう～」 ● 自分の夢を叶えるためのオリジナル時間割を発表する。 　→各教科の「未来の授業内容」（例：理科でAIロボット作成）を考える。
9月	Unit 4「What time do you get up? ～家族の一週間ルーティーンを調査しよう～」 ● 自分の家での過ごし方を紹介する。 　→自分の家族の一週間のルーティーンを調査して，友達に紹介する。
10月	Unit 5「He can run fast. She can do *kendama*. ～CAN-DOクイズをしよう～」 ● できることやできないことをクイズにして発表する。 　→「Who am I? クイズ」にして，誰の紹介かをグループで話し合って考える。
11月	Unit 6「I want to go to Itary. ～おすすめの観光ルートを紹介しよう～」 ● 自分の行ってみたい国の魅力について，ポスターを作って紹介する。 　→その国で一日観光するなら，どのルートでどこに行くかについても調べる。
12月	Unit 7「What would you like? ～『OMOTENASHI』ロールプレイングをしよう～」 ● 相手の好みなどに応じてレストランで注文したり値段を尋ねたりする。 　→外国の人をおもてなしするためのシナリオも作成し，ロールプレイを行う。
1月	Unit 8「Where is the gym? ～わたしたちの町の魅力を伝えよう～」 ● 町にあるものについて道案内をする。 　→町の歴史や名所に関する情報も英語で伝え，地域への理解と愛着を深める。
2月	Unit 9「My hero is my brother. ～憧れの人に英語でインタビューしよう～」 ● 身近な憧れの人について紹介する。 　→その人に英語でインタビューする動画を1人1台端末で撮影し，紹介する。
3月 ※各学期で適宜実施	Review「世界の友達1・2・3 ～『World Englishes』を知ろう～」 ● 世界の小学生のことを知る（好きなもの・一日の生活・尊敬する人） 　→「World Englishes（その国独自の英語）」「My English（自分の英語に自信をもち，心から伝えたいことを堂々と伝える）」という二つの概念を知る。

身につけたい力

自律した英語学習者の素地を身につけることを目指したいです。

英語は「教わる」という姿勢では一生獲得できません。主体的に「自ら学ぶ」姿勢をもつ人間が，一生学び続けて力をつけていくものです。そのために，単元のなかに「アフレコ」という活動を位置づけました。十分「聞く」「話す」体験をした後，アニメーションの英語を聞きながら，アフレコの練習過程で「シャドーイング」することで，流暢に話せるようになります。最後にタスクでコミュニケーションすることで，新出の英語単語・表現が自分の言葉として使えるようになるのです。この学習の流れが身につけば，将来一人でも英語を学び続けられます。

 バックワードデザイン×インフォメーション・ギャップ

「Unit 1 Hello, everyone. 〜自分のお気に入りスポットを紹介しよう〜」を例にします。

まずは教師がゴールの姿を見せます。この単元では，オリジナルの名刺を示しながら，英語で自己紹介して見せるのです。「このような英語の自己紹介をするために，どんな英語表現を学習するとよいですか」と問いながら，単元計画を子どもたちと確認しましょう。

さらに，こちらの教材では，「Story」というアニメーションを活用し，以下の活動をします。

〈目隠しムービー〉
①ペアをつくり，じゃんけんして負けた方は後ろを向き，勝った方は動画を視聴します。
②動画が終わったら，視聴した子は，ペアの子に動画の内容を説明します。
③説明通りか，もう一度動画を視聴して確認します。できれば英語を口ずさみます。
④役割を変えて，次の動画を視聴します。

ペアのなかで情報のギャップをつくることで，英語の動画を視聴する動機づけが生まれるのです。さらに，後にこの動画の「アフレコ」を予告します。「これからの学習で英語表現を学べば，必ず動画のキャラクターのように話せますよ」と伝えて，子どもの意欲を高めます。

 「聞きたい」「話したい」と心が動くアクティビティを仕組む

単元の新出表現 "What color do you like?" "I like 〜." を例にした活動を三つ紹介します。

〈イマジネーション・リスニング〉
①ペアをつくり，子どもたちは教師に "What color do you like?" と質問します。
②教師は，"I like red." などと質問に答えます。

③子どもたちは，聞きとった色の英語から想像できるものを一つ思い浮かべ，二人で同時に伝え合います（「せ〜の，梅干し！」「せ〜の，トマト！」など）。
　④ペアで同じものが言えたら，ハイタッチします。違っていたら，「ドンマイ」です。

　聞きとった単語からイメージできるものを思い浮かべることで，「考えて聞く」活動を実現します。また，「ペアで合わせる」ことを意識するので，相手に心を向ける活動にもなります。

〈シンクロナイズド・イングリッシュ〉
①三人組をつくり，一人が「質問役」となり，他の二人はペアになります。
②「質問役」の子どもは，"What color do you like?" と二人に向かって質問します。
③ペアの子どもたちは，後ろ向きになり，"I like …" まで一緒に発話し，同じタイミングで振り向きながら，"…red!" などと好きな色を伝え合います。
④発話した色が同じだったら，ハイタッチをして1ポイントゲットです。質問回数は五回などと限定しておき，1番ポイントが高いペアがチャンピオンです。
⑤ペアを入れ替えて，①〜④までを繰り返します。

　子どもたちは相手と同じ英語を発話しようとして，友達に心を向けます。そして，教師の提示した色の英語のなかから，自分で選択します。友達と楽しく何度もやりとりするなかで，自然と同じ英語表現を繰り返し，慣れ親しみます。どの単元でも応用可能なアクティビティです。

〈いろいろイマジネーション〉
①教師が "I'm happy. What color do you like?" と子どもたちに質問し，子どもたちは「幸せ」からイメージする色をワークシートに塗ります（ロイロノートなどのICTツールを活用すると，子どもたちは端末上で作業できるので便利です）。
②子どもたちは，教室内を自由に立ち歩き，ペアをつくって "I'm happy. What color do you like?" と質問し合い，"I like blue." など，自分たちが想像する幸せの色を伝え合います。理由も交流するとよいでしょう。
③教師が決めた時間で席に戻り，「同じ色でも違う理由」「自分のイメージとは違う色」などをグループ内やクラス全体で交流します。

アフレコの様子

テーマが抽象的なので，それぞれイメージする色やその理由が異なり，思わず「聞きたい」「話したい」となる活動です。5年生の知的好奇心を奮起します。多様性を認め合うことにもつながるでしょう。「今の気持ちの色」「季節の色」などテーマを変えてもおもしろいです。

アフレコ活動で英語の成功体験を生む

単元の英語表現に慣れ親しんだら，もう一度単元冒頭で活用した「Story」の動画を全員で視聴します。1時間目に視聴したときより，聞きとれるようになっているはずです。ここまで十分な「インプット」をしているからです。そこで，「アフレコ」を提案します。1人1台端末を活用し，自発的にアニメーションを視聴することで，さらなる英語表現の定着を図ります。

〈アフレコ活動の教材作成方法〉
①教師が1人1台端末を活用し，デジタル教科書上で「Story」のアニメーションを字幕つきで再生します。
②再生した動画を，端末の「画面収録」機能で録画します（iPadであれば「マイク」オフ状態にするなど，とにかく音声を入れないようにします）。
③録画した動画を子どもたちに配付します（ロイロノートなどを活用するとよいです）。
　※台本として，「Teacher's Book」（指導書）に掲載されているセリフのスクリプトもコピーして配付するとよいでしょう。
④子どもたちはグループをつくり，どのキャラクターのどのセリフをアフレコするか，役割分担をします（一人一人の話す量がほぼ同じになるように注意します）。
⑤子どもたちはデジタル教科書上の音が入ったアニメーションを，自分の端末で視聴しながら練習します。一人で，ペアやグループで教え合うなど，学習方法は自由です。
⑥各グループで，③で配付されたアニメーション動画に，端末の画面収録機能やロイロノートの録画機能を使って，自分たちの声を入れます。
⑦録音した動画を教師に提出し，全体で視聴し，お互いにフィードバックし合います。

この活動はこれまでの英語劇と違って，人前で話すのが苦手な子も，自分のペースでアニメーション中に出てくるキャラクターになりきって，大胆に発話できるようになります。さらに，どのような文脈でその表現を使うのか，どのように感情を入れて発話すればよいのかについても学べます。一番よい点は，アニメーションの口の動きに合わせるので，自然と「シャドーイング」をすることになり，英語のイントネーションやリズムに慣れ，流暢さも身につくことです。そして，「グループで一つのアフレコを完成させる」という協働的な活動を通して，よりよい人間関係づくりにつながります。まさに，個別最適で協働的な学びを実現する活動です。

特別の教科　道徳

授業づくりのポイント

学習の要所と指導スキル

飯村　友和

⭐ 学習内容例

月	学習内容例
4月	● 道徳授業開き（オリエンテーション） 内容は，前掲「道徳授業開き」を参照してください。
5月	● いじめ予防の授業（内容項目C　よりよい学校生活，集団生活の充実） 絵本『わたしのいもうと』を読み，いじめ予防の授業をします。
6月	● 正しい叱られ方（内容項目A　節度，節制） 叱ってくれる人の想いを考えることで，叱りをどのように受け入れ，行動を改善していくのかを考えます。
7月	● 戦争について考える授業（内容項目D　生命の尊さ） 太平洋戦争を扱った授業をすることで，平和や生命の尊さについて考えるようにします。夏休み前に行うことで，終戦関連番組に目を向けさせます。
9月	● 自然の美しさ（内容項目D　自然愛護） 宿泊学習に行く時期と重ねて，自然の美しさに目が向くような授業をします。
10月	● 思いやりのある対応（内容項目B　親切，思いやり） スポーツ選手の思いやりのある対応を知り，思いやりについて考える授業をします。
11月	● きまりは何のため？（内容項目C　規則の尊重） ある都市の排ガス規制の事例から，きまりが何のためにあるのかを考えます。
12月	● お正月の文化（内容項目C　伝統と文化の尊重） お正月の文化から，日本人が大切にしてきた人を大切にするふるまいについて考えます。
1月	●「いいね！」（内容項目C　よりよい学校生活　集団生活の充実） 子どもたちの日常生活の写真から，自分たちのよさに目を向ける授業をします。
2月	● 給食が届くまで（内容項目B　感謝） 目の前に給食が届くまでにどれだけの人の苦労や努力があるのかを考えます。
3月	● 道徳授業じまい 一年間の道徳科の授業をふり返って，心に残ったことを紹介し合います。

一年間の授業を通して，22の内容項目すべてを扱うようにします。
　教科書は，4月から順に授業をしていくと，すべての内容項目が網羅できるように構成されています。
　ですから，基本的には，教科書を使います。そこに，地域や子どもたちの実態に合わせて，各教育委員会で作られた地域教材や，独自教材などを加えます。内容項目はすべて扱わなければならないので，同じ内容項目の教材と入れ替えることになります。
　左の表の学習内容例に載せた教材名は，教科書教材と入れ替えた独自教材です。

⭐ 身につけたい力

　道徳科では，道徳的判断力，道徳的心情，実践意欲と態度を育てることを目標に授業を行います。
　わかりやすく言うと，「美意識を育てる」ということになります。
　いろいろな場面において，何が美しくて何が美しくないのかを判断し，美しさを好む感情をもって美しい行動を選択していこうとする心構えをもつことです。

⭐ 理解の個人差に対応する

　5年生の教科書は，低・中学年に比べ，文字も小さく，文章量も増えています。
　そして，5年生の子どもたちは，読解力に差があります。
　低学年だったら，わからなかったときに素直に「わからない」と言ってくれますが，5年生は周りの目を気にして「わからない」とはなかなか言ってくれません。
　本当はわかっていないのに，何となくで取り繕って，それらしい意見を言ったり書いたりしてしまいがちです。
　だから，教師は，一読しただけで全員が内容を理解しているなどとは思わずに，みんなが理解するための手立てを打つことが必要です。
　例えば，次のようなことをします。
- 要点をイラストつきで板書して，視覚化する。
- ペアで内容の確認と感想を共有する時間をとる。
- 動作化，役割演技などをして場面の状況を把握しやすくする。

⭐ 書く力の個人差に対応する

　道徳科の授業の最後には，ふり返りを書くことが多いです。

しかし，子どもたちの書く力には差があります。
　ふり返りに書かれたことを評価に生かしますが，国語科の授業ではないので，このふり返りだけで評価をしないようにします。
　ふり返りに書かれていることが稚拙であっても，授業中にキラリと光る発言をしたときには，それをメモしておいて，評価に生かすようにします。
　また，ふり返りでどんなことを書けばよいのかわからないという子には，どんなことを書けばよいのかを教えてあげるとよいでしょう。
　その際，型があると便利です。
　「どんなことを書いたらよいのかわからない人は，『まいこ』さんで書きましょう」と話します。

ま…学んだこと
い…今まではどうだったか
こ…これからどうしていきたいか
　これで書けるようになる子が多くいます。

　ただし，これはあくまで書くことが苦手な子のための型なので，この型がなくても書ける子は，自分がこの授業で感じたことを自由に書いた方がよいです。
　この型を使って書くことも難しいという子もいます。
　そういう子には，1対1で「どう思った？」と聞いて，教師が代わりに書いてあげてもいいでしょう。

⭐ 魅力的な教材を準備する

　教科書にもすばらしい教材はたくさんあります。
　そして，各校の年間指導計画も教科書を使って進めるようにつくられているでしょうから，基本的には教科書を使って授業をします。
　しかし，子どもたちの実態によっては，他の教材を使った方がよい授業になるというときもあります。
　映像資料のような子どもの視覚に訴える教材を使うことも効果的です。NHK for Schoolには，とてもよい教材がそろっています。そういうものを活用してもよいでしょう。
　また，教材に指示や発問などもていねいに書かれた魅力的な授業プランがたくさん掲載された書籍もあります。子どもたちが前のめりになって学習できるように，積極的にこれらを活用していくとよいです。

教師自身が，目の前の子どもの実態に合った自主開発教材を使ってもよいでしょう。教師が自分の感性で見つけ，開発した教材なので，よい授業になることが多いです。
　ただし，いくら教師が感動し，魅力的だと思う教材であったとしても，それが必ずしも子どもにとって魅力的だとは限りません。
　授業をする前に学年の先生方や道徳教育推進教師に相談・報告をするようにしましょう。
　内容項目の漏れ落ちにはくれぐれも注意しましょう。
　年間を通して，すべての内容項目を扱えるようにしたうえで，そういった教材を活用していくことが必要です。

★ 対話を促すツールを活用する

　上の写真は，スケールに自分のネームプレートを貼っているところです。
　スケールは，AかBかという二者択一ではなく，気持ちの微妙な度合いを表現できるよさがあります。
　ネームプレートをそこに貼った理由を問われると，「だってね。…」と話したくなります。
　熊本市教育センターICT支援室が作った「デジタル教材『心の数直線』」は，スケールがデジタル化されていてとても便利です。
　タブレットを使った授業で活用することができます。
　インターネットで検索し，ダウンロードすることができます。
　数直線型の他に，ハートメーター型，天秤型，比較型といろいろな種類があるので，授業の内容に合わせて使い分けることができます。

【参考文献】
● 文部科学省「小学校学習指導要領（平成29年告示）解説　特別の教科　道徳編」

【執筆者紹介】　＊執筆順

多賀　一郎	教育アドバイザー
松尾　英明	千葉県袖ケ浦市立蔵波小学校
藤原　友和	北海道函館市立鍛神小学校
飯村　友和	公立小学校
川上　康則	東京都杉並区立済美養護学校
南　　恵介	岡山県公立小学校
山田　洋一	北海道公立小学校
中村　健一	山口県岩国市立御庄小学校
古舘　良純	岩手県花巻市立宮野目小学校
髙橋　朋彦	千葉県公立小学校
中條　佳記	立命館小学校
前波恵美子	大阪府公立小学校
中村　路佳	東京都公立小学校
佐藤　　翔	千葉県千葉市立作新小学校
河邊　昌之	国士舘大学
尾形　英亮	宝仙学園小学校
山田　将由	神奈川県横浜市立六浦小学校
江越喜代竹	千葉県公立小学校
宇野　弘恵	北海道公立小学校
瀧澤　　真	千葉県袖ケ浦市立蔵波小学校

【編者紹介】

松尾　英明（まつお　ひであき）

小学校教諭。「クラス会議」を中心とした自治的学級づくりを専門に研究。「教育を，志事にする」という自身の教育哲学のもと，学級づくりや授業づくり，教師がいきいきと働くための方策などについて提案し続けている。学級づくり修養会HOPE主宰。

【著者紹介】

チーム・ロケットスタート

学級開き・授業開きや学級づくり・授業づくりに悩むすべての先生を救うため，その道のスペシャリストが集結し，それぞれの英知を伝承すべく組織されたプロジェクトチーム。

〔協力〕多賀一郎

ロケットスタートシリーズ
小学5年の学級づくり&授業づくり　12か月の仕事術

2025年3月初版第1刷刊　Ⓒ編　者　松　尾　英　明
　　　　　　　　　　　　著　者　チーム・ロケットスタート
　　　　　　　　　　　　発行者　藤　原　光　政
　　　　　　　　　　　　発行所　明治図書出版株式会社
　　　　　　　　　　　　　　　　http://www.meijitosho.co.jp
　　　　　　　　　　　（企画）佐藤智恵（校正）nojico
　　　　　　　　　　　〒114-0023　東京都北区滝野川7-46-1
　　　　　　　　　　　振替00160-5-151318　電話03(5907)6703
　　　　　　　　　　　ご注文窓口　電話03(5907)6668
＊検印省略　　　　　　組版所　長野印刷商工株式会社
本書の無断コピーは，著作権・出版権にふれます。ご注意ください。

Printed in Japan　　　　　　　ISBN978-4-18-500525-8
もれなくクーポンがもらえる！読者アンケートはこちらから
→

ロケットスタートシリーズ★

このシリーズで、小学担任の6年間をフルサポート！

全面改訂

学級づくり&授業づくり
12か月の仕事術

※カッコ内4桁数字は図書番号

小学1年 （5001）	安藤浩太・土居正博 編	小学4年 （5004）	垣内幸太 編
小学2年 （5002）	松下　崇 編	小学5年 （5005）	松尾英明 編
小学3年 （5003）	日野英之 編	小学6年 （5006）	鈴木優太 編

チーム・ロケットスタート著／多賀一郎協力　各巻212頁　B5判　3,080円（10％税込）

★姉妹シリーズも好評発売中★

小学1〜6年の
絶対成功する
授業技術シリーズ
全6巻
各巻 A5判 144頁
2,200円（10％税込）
（4771〜4776）

学級づくり&
授業づくり
スキルシリーズ
全6巻
各巻 A5判 144頁
1,980円（10％税込）
（4721〜4726）

予約・注文はこちらから！明治図書ONLINE→